Kohlhammer

Sucht: Risiken – Formen – Interventionen
Interdisziplinäre Ansätze von der Prävention zur Therapie

Herausgegeben von Oliver Bilke-Hentsch,
Euphrosyne Gouzoulis-Mayfrank und Michael Klein

Eine Übersicht aller lieferbaren und im Buchhandel angekündigten Bände der Reihe finden Sie unter:

 https://shop.kohlhammer.de/sucht-reihe

Die Autoren

Prof. Dr. rer. nat. Michael Klein, Dipl. Psych., ist Psychologischer Psychotherapeut in eigener Praxis mit Schwerpunkt Suchtkranke und Angehörige. Forschungsschwerpunkte: Sucht und Familie, Kinder von Suchtkranken, Männerpsychologie.

Prof. Dr. rer. nat. Diana Moesgen, Psychologin M.Sc., Psychologische Psychotherapeutin mit Schwerpunkt Verhaltenstherapie, ist Professorin für Sozial- und Klinische Psychologie an der Katholischen Hochschule NRW, Abt. Paderborn. Nebenberuflich ist sie in eigener Praxis als Psychotherapeutin tätig.

© Marion Koell

Michael Klein
Diana Moesgen

Angehörige von Menschen mit Suchterkrankungen

Lebenslagen – Risiken – Hilfen

Verlag W. Kohlhammer

Dieses Werk einschließlich aller seiner Teile ist urheberrechtlich geschützt. Jede Verwendung außerhalb der engen Grenzen des Urheberrechts ist ohne Zustimmung des Verlags unzulässig und strafbar. Das gilt insbesondere für Vervielfältigungen, Übersetzungen und für die Einspeicherung und Verarbeitung in elektronischen Systemen.
Pharmakologische Daten verändern sich ständig. Verlag und Autoren tragen dafür Sorge, dass alle gemachten Angaben dem derzeitigen Wissensstand entsprechen. Eine Haftung hierfür kann jedoch nicht übernommen werden. Es empfiehlt sich, die Angaben anhand des Beipackzettels und der entsprechenden Fachinformationen zu überprüfen. Aufgrund der Auswahl häufig angewendeter Arzneimittel besteht kein Anspruch auf Vollständigkeit.

Die Wiedergabe von Warenbezeichnungen, Handelsnamen und sonstigen Kennzeichen berechtigt nicht zu der Annahme, dass diese frei benutzt werden dürfen. Vielmehr kann es sich auch dann um eingetragene Warenzeichen oder sonstige geschützte Kennzeichen handeln, wenn sie nicht eigens als solche gekennzeichnet sind.

Es konnten nicht alle Rechtsinhaber von Abbildungen ermittelt werden. Sollte dem Verlag gegenüber der Nachweis der Rechtsinhaberschaft geführt werden, wird das branchenübliche Honorar nachträglich gezahlt.

Dieses Werk enthält Hinweise/Links zu externen Websites Dritter, auf deren Inhalt der Verlag keinen Einfluss hat und die der Haftung der jeweiligen Seitenanbieter oder -betreiber unterliegen. Zum Zeitpunkt der Verlinkung wurden die externen Websites auf mögliche Rechtsverstöße überprüft und dabei keine Rechtsverletzung festgestellt. Ohne konkrete Hinweise auf eine solche Rechtsverletzung ist eine permanente inhaltliche Kontrolle der verlinkten Seiten nicht zumutbar. Sollten jedoch Rechtsverletzungen bekannt werden, werden die betroffenen externen Links soweit möglich unverzüglich entfernt.

1. Auflage 2025

Alle Rechte vorbehalten
© W. Kohlhammer GmbH, Stuttgart
Gesamtherstellung: W. Kohlhammer GmbH, Stuttgart

Print:
ISBN 978-3-17-029977-1

E-Book-Formate:
pdf: ISBN 978-3-17-029978-8
epub: ISBN 978-3-17-029979-5

Geleitwort der Reihenherausgeber

Die Entwicklungen der letzten Jahrzehnte im Suchtbereich sind beachtlich und erfreulich. Dies gilt für Prävention, Diagnostik und Therapie, aber auch für die Suchtforschung in den Bereichen Biologie, Medizin, Psychologie und den Sozialwissenschaften. Dabei wird vielfältig und interdisziplinär an den Themen der Abhängigkeit, des schädlichen Gebrauchs und der gesellschaftlichen, persönlichen und biologischen Risikofaktoren gearbeitet. In den unterschiedlichen Alters- und Entwicklungsphasen sowie in den unterschiedlichen familiären, beruflichen und sozialen Kontexten zeigen sich teils überlappende, teils sehr unterschiedliche Herausforderungen.

Um diesen vielen neuen Entwicklungen im Suchtbereich gerecht zu werden, wurde die Reihe »Sucht: Risiken – Formen – Interventionen« konzipiert. In jedem einzelnen Band wird von ausgewiesenen Expertinnen und Experten ein Schwerpunktthema bearbeitet.

Die Reihe gliedert sich konzeptionell in drei Hauptbereiche, sog. »tracks«:

Track 1: Grundlagen und Interventionsansätze
Track 2: Substanzabhängige Störungen und Verhaltenssüchte im Einzelnen
Track 3: Gefährdete Personengruppen und Komorbiditäten

In jedem Band wird auf die interdisziplinären und praxisrelevanten Aspekte fokussiert, es werden aber auch die neuesten wissenschaftlichen Grundlagen des Themas umfassend und verständlich dargestellt. Die Leserinnen und Leser haben so die Möglichkeit, sich entweder Stück für Stück ihre »persönliche Suchtbibliothek« zusammenzustellen oder aber mit einzelnen Bänden Wissen und Können in einem bestimmten Bereich zu erweitern.

Geleitwort der Reihenherausgeber

Unsere Reihe »Sucht« ist geeignet und besonders gedacht für Fachleute und Praktiker aus den unterschiedlichen Arbeitsfeldern der Suchtberatung, der ambulanten und stationären Therapie, der Rehabilitation und nicht zuletzt der Prävention. Sie ist aber auch gleichermaßen geeignet für Studierende der Psychologie, der Pädagogik, der Medizin, der Pflege und anderer Fachbereiche, die sich intensiver mit Suchtgefährdeten und Suchtkranken beschäftigen wollen.

Die Herausgeber möchten mit diesem interdisziplinären Konzept der Sucht-Reihe einen Beitrag in der Aus- und Weiterbildung in diesem anspruchsvollen Feld leisten. Wir bedanken uns beim Verlag für die Umsetzung dieses innovativen Konzepts und bei allen Autoren für die sehr anspruchsvollen, aber dennoch gut lesbaren und praxisrelevanten Werke.

Der vorliegende Band schließt eine Lücke in der Fachliteratur zu Sucht. Die Situation von Angehörigen wird allzu oft vernachlässigt. Dabei leiden sie unter der Suchtkrankheit in der Familie besonders stark. Es ist zur Prävention, Therapie und Nachsorge bei Sucht von herausragender Wichtigkeit, Partner und Partnerinnen, Kinder und Eltern mit zu berücksichtigen und ihnen eigenständige wie auch koordinierte Hilfen anzubieten. Es ist schon lange bekannt, dass die Suchterkrankung eine komplexe psychische Erkrankung darstellt, die die ganze Familie über Generationen betrifft. Im vorliegenden Band werden Angehörige als Gruppe ebenso betrachtet wie einzelne Subgruppen von Angehörigen: Partner und Partnerinnen, Kinder und Jugendliche, Geschwister, Eltern und Großeltern. Der Band soll nicht nur die Lage der Angehörigen vor dem Hintergrund relevanter internationaler Forschung aufzeigen, sondern insbesondere mehr praktische Hilfen in den Bereichen Prävention und Psychotherapie initiieren.

Oliver Bilke-Hentsch, Luzern
Euphrosyne Gouzoulis-Mayfrank, Köln
Michael Klein, Köln

Inhalt

Geleitwort der Reihenherausgeber		**5**
1	**Einleitung**	**9**
2	**Fallvignetten**	**15**
3	**Epidemiologie**	**22**
3.1	Prävalenz von Störungen durch Substanzgebrauch	23
3.2	Prävalenz von Störungen durch Verhaltenssüchte	27
3.3	Prävalenzen zu Angehörigen von Menschen mit Suchterkrankungen	35
4	**Lebenssituation von Angehörigen von Menschen mit Suchterkrankungen**	**45**
4.1	Partner von Menschen mit Suchterkrankungen	50
4.2	Kinder aus suchtbelasteten Familien	57
4.3	Andere Angehörigengruppen	68
5	**Auswirkungen der Suchterkrankung auf die Angehörigen**	**70**
5.1	Partner von Menschen mit Suchterkrankungen	70
5.2	Kinder aus suchtbelasteten Familien	72
6	**Modelle zur Erklärung des Angehörigenverhaltens**	**89**
6.1	Dependente Persönlichkeitsstörung	90

6.2	Co-Abhängigkeit	95
6.3	Stress- und Coping-Ansätze	99

7	**Unterstützungs- und Behandlungsansätze**	**102**
7.1	Unterstützungs- und Behandlungsansätze für Partner von Menschen mit Suchterkrankungen	104
7.2	Unterstützungs- und Behandlungsansätze für Kinder und Jugendliche aus suchtbelasteten Familien	115

8	**Ausblick**	**118**

Literatur	**120**

Sachwortverzeichnis	**136**

1 Einleitung

Daten zur Prävalenz von Suchterkrankungen belegen die weite Verbreitung von Substanzmissbrauch und -abhängigkeit in unserer Gesellschaft. Faktisch gehören Suchterkrankungen neben Angststörungen und affektiven Störungen zu den am häufigsten vorkommenden psychischen Störungen in der Bevölkerung. Bei Männern stellen sie mit großem Abstand die häufigste psychische Störung dar. Eine Substanzabhängigkeit bedeutet zumeist aber nicht nur für das betroffene Individuum eine schwere Belastung, sondern auch für sein enges soziales und familiäres Umfeld. Oft ist das Umfeld noch schwerer belastet, da insbesondere für die Familienangehörigen Stress und Anforderungen auf der einen Seite zunehmen, während Stigmatisierung und Ausgrenzung auf der anderen Seite drohen. Die Gruppe der Angehörigen von Menschen mit Suchterkrankungen ist allein angesichts der verschiedenen Möglichkeiten bezüglich der Art der Bezogenheit auf eine nahestehende Person (z. B. Partner[1], Kinder, Eltern, Freunde usw.) groß und heterogen zusammengesetzt (siehe unten). Ein Großteil der Angehörigen von Menschen mit Suchterkrankungen erleidet dauerhafte und schwerwiegende Belastungen. Diese liegen vor allem innerhalb der oft belasteten Beziehung des Angehörigen zur Person mit Suchterkrankung und können von Konflikten in und Zerrüttung von der Partnerschaft und Familie bis hin zu physischer Gewalt und Misshandlung reichen. Auch Trennungen und Scheidungen, oft nach vielen Jahren der Hoffnung auf Besserung der Suchtstörung des Partners, sind häufig. Ungünstige äußere Bedingungen, wie z. B. Arbeitsplatzverlust und finanzielle

---

1 Aus Gründen der besseren Lesbarkeit und Verständlichkeit wird in diesem Werk das generische Maskulinum verwendet. Es schließt sowohl Frauen als auch Männer ein. Wo ausdrücklich nur Frauen gemeint sind, wird das generische Femininum verwendet.

1 Einleitung

Schwierigkeiten, verschärfen die Lage oft zusätzlich. Auf Seiten der Angehörigen entstehen somit Probleme, die biopsychosozialer Natur sein können und daher Person, Körper und Umfeld betreffen. Hieraus ergibt sich ein besonderer Unterstützungsbedarf, der bislang jedoch zu selten umfassend und frühzeitig erfüllt wird (Bischof 2019). Es bestehen noch zu wenige spezifische professionelle und evidenzbasierte Angebote für Angehörige von Menschen mit Suchterkrankungen – wobei besonders an für die Betroffenen erkennbare, niedrigschwellig zu erreichende Hilfen zu denken ist.

Das vorliegende Buch zielt darauf ab, einen umfassenden und aktuellen Überblick zur Situation von Angehörigen von Menschen mit Suchterkrankungen zu bieten. Hierzu soll zunächst in diesem Kapitel eruiert werden, welche Personengruppen als Angehörige von Menschen mit Suchterkrankungen zu bezeichnen sind. Im folgenden ▶ Kap. 2 werden *vier Fallvignetten* aus verschiedenen Sucht- und Familienkontexten vorgestellt. Dabei tauchen in Anbetracht verschiedener Suchtformen und Substanzen sowohl *Unterschiede als auch Parallelen hinsichtlich der innerfamiliären Situationen, der Symptomatiken und Konsequenzen* auf. Das anschließende ▶ Kap. 3 widmet sich der *Epidemiologie*. In diesem Kapitel werden vorliegende Zahlen zu Angehörigen von Menschen mit Suchterkrankungen dargestellt, wobei bestehende Untergruppen gesondert berücksichtigt werden. ▶ Kap. 4 widmet sich intensiv den besonderen *Stressoren und Belastungen*, denen Angehörige von Menschen mit Suchterkrankungen exponiert sind. Aufgrund der Heterogenität der Angehörigengruppe muss von unterschiedlichen Belastungen und Unterstützungsbedarfen ausgegangen werden, welche in diesem Kapitel genauer betrachtet werden. Thematisiert werden hier z.B. dauerhaft konfliktreiche oder sogar gewaltbelastete Beziehungen, das Erleben wiederkehrender Unsicherheiten und Unberechenbarkeiten, Sorgen um die Gesundheit der von einer Suchterkrankung betroffenen Person, fortgesetztes Kontrollverhalten in Bezug auf die Person mit einer Suchterkrankung sowie die Einschränkung der eigenen sozialen Kontakte und Freizeitgestaltung. ▶ Kap. 5 betrachtet im Folgenden die Konsequenzen, die diese Belastungen für die Angehörigen besitzen können. Dabei wird ein besonderer Fokus auf psychische oder psychosomatische Konsequenzen gelegt. Die verschiedenen Angehörigengruppen sowie die Art der Suchterkrankung, der diese exponiert sind, sind dabei weitestgehend differenziert betrachtet. Das folgende ▶ Kap. 6 behandelt verschiedene *theoretische Hintergrundmodelle* zum Thema Angehörige von Menschen mit Suchterkrankungen. Das Kapitel bietet eine kritische Reflektion der potenziellen Rolle einer dependenten Persönlichkeitsstörung sowie des sehr verbreiteten, aber auch sehr umstrittenen Begriffs der »*Co-Abhängigkeit*«. Die Bedeutung der Co-Abhängigkeit sowie die eher uneinheitliche Verwendung dieses Begriffs werden erörtert. Es folgt eine kritische Auseinandersetzung mit dem entsprechenden Konzept. Darauf aufbauend werden Verbesserungsvorschläge aufgezeigt. Zuletzt werden die bedeutsamen Stress- und Coping-Ansätze berücksichtigt. Das siebte Kapitel (▶ Kap. 7) widmet sich den existierenden *Unterstützungsmöglichkeiten und Behandlungsansätzen* für die verschiedenen Angehörigengruppen. Es werden für die verschiedenen Gruppen Behandlungsmöglichkeiten und -schwerpunkte aufgezeigt. Ein besonderes Gewicht liegt dabei auf Programmen, deren Wirksamkeit sich im Rahmen wissenschaftlicher Studien bewährt hat. Der dennoch bestehende Bedarf nach zielgruppenorientierten neuen Stressreduktions- und Ressourcenförderprogrammen wird zuletzt aufgezeigt. Das Buch schließt im letzten ▶ Kap. 8 mit einem kurzen Ausblick auf *künftige Forschungsaktivitäten und wünschenswerte Präventionsvorhaben.*

Die *Situation von Angehörigen von Menschen mit Suchterkrankungen* wurde bislang in Forschung und Praxis nur lückenhaft und wenig kontinuierlich beachtet (Klein und Bischof 2013). Der aktuelle Forschungsstand zeigt, dass bis dato zu den spezifischen Belastungen der Zielgruppe und ihren konkreten Unterstützungsbedarfen, insbesondere in Deutschland, zu wenig Kenntnisse vorliegen. Er deutet aber darauf hin, dass *das Stresserleben und die daraus resultierenden negativen Konsequenzen für Angehörige erheblich* sind (Klein & Bischof 2013; Berndt et al. 2017; internationale Sicht vgl. Salize et al. 2014, Orford et al. 2013). Für eine nachhaltige Verbesserung der Situation von Angehörigen müssen aber deren individuelle Problemlagen adäquat und differenziert wahrgenommen und bei Hilfeangeboten rekonstruiert werden, damit passgenaue Unterstützungskonzepte entwickelt werden können. Angehörige sollen in ihrem Verhalten im Allgemeinen und ihren Reaktionen auf ihre Bezugsperson mit einer Suchterkrankung nicht verurteilend stigmatisiert oder vorschnell einer Diagnosekategorie zugewiesen werden, sondern Empathie und Respekt erfahren. Dadurch sind am ehesten Zugang und Veränderung möglich, wie die zahlreichen Studien im Bereich des »Motivational Interviewing«, auch für betroffene Angehörige, zeigen konnten (Miller & Rollnick 2015). Dabei gilt es zu beachten, dass die Gruppe der Angehörigen von Menschen mit Suchterkrankungen mindestens so heterogen zusammengesetzt ist wie die der Gruppe der Menschen mit Suchterkrankung selbst.

> **Merke**
> Angehörige von Menschen mit Suchterkrankungen sind eine in Praxis und Forschung immer noch vernachlässigte Gruppe. Sie ist mindestens so heterogen zusammengesetzt wie die Gruppe der Menschen mit Suchterkrankungen.

Eine Einteilung der Gruppe der Angehörigen in Untergruppen erscheint daher sinnvoll und zweckmäßig für die optimale Zuordnung von Hilfen. Um einen entsprechenden Versuch der Definition von Untergruppen vorzunehmen, ist eine Berücksichtigung der folgenden Merkmale erforderlich:

- Geschlecht: männlich, weiblich, divers
- Altersgruppe: Kinder, Jugendliche und Erwachsene jungen, mittleren und höheren Alters
- Status der Angehörigkeit:
  - Ehepartner oder Lebensgefährte,
  - minderjähriges Kind (leibliches, Stief-, Adoptiv- oder Pflegekind), im selben Haushalt lebend oder nicht,
  - erwachsenes Kind (leibliches, Stief-, Adoptiv- oder Pflegekind),

- Freund,
- nahestehender Kollege, Vorgesetzter oder
- Eltern- oder Großelternteil
• Art der Suchterkrankung der betroffenen Person:
  - Alkohol
  - Cannabis
  - illegale Drogen (Heroin, Kokain, (Meth-)Amphetamine, Halluzinogene usw.)
  - (verschreibungspflichtige) Medikamente
  - polyvalenter Substanzkonsum
• Störung durch Verhaltenssüchte (v. a. Glücksspiel, Internet, Online-Spiele, Soziale Medien, Kaufsucht, Pornographienutzungsstörung, exzessives Sexualverhalten
• Dauer der Suchterkrankung sowie der Zeitraum, in dem der Angehörige der Suchterkrankung exponiert war (wenige Monate oder Jahre bis mehrere Jahrzehnte)
• Art des Zugangs zum Hilfesystem *durch den Angehörigen:* Angehöriger ...
  - ist in Selbsthilfe-Gruppen engagiert,
  - hat Zugang zur professionellen Suchthilfe,
  - hat Zugang zu unspezifischen Hilfen oder
  - hat bisher keinerlei Kontakt zu Hilfeangeboten gehabt.
• Art des Zugangs zum Hilfesystem *durch die Person mit Suchterkrankung:* Betroffene Person ist ...
  - in das professionelle Hilfesystem eingebunden, z. B. ambulante oder stationäre Therapie, ambulante Beratung, Selbsthilfe etc. oder
  - nicht in das professionelle Suchthilfesystem eingebunden,
  - wenn nicht angebunden, grundsätzlich offen für professionelle Hilfen oder
  - nicht offen für professionelle Hilfen.

Abgesehen von der Tatsache, dass jeder Mensch mit Suchterkrankung ein Individuum mit eigenen Merkmalen, Eigenschaften und Verhaltensweisen darstellt, und dass auch jeder Angehörige eine einzigar-

1 Einleitung

tige Person mit eigenen Stressbewältigungskompetenzen, Coping-Strategien und Ressourcen ist, muss allein aufgrund der hier genannten Charakteristika von unterschiedlichen Belastungen und Konsequenzen für die Angehörigen und damit auch von verschiedenen Unterstützungsbedarfen ausgegangen werden, die in den folgenden Kapiteln beleuchtet werden. Ein besonderer Schwerpunkt wird dabei auf *die beiden besonders prävalenzstarken Gruppen der weiblichen Partnerinnen und Kinder/Jugendlichen* (Klein 2002) gelegt. Diese Personengruppen stellen die mit Abstand häufigsten betroffenen Angehörigen von Menschen mit Suchterkrankungen dar.

2 Fallvignetten

Fall 1: Elvira (43), Frau eines Mannes mit Alkoholkonsumstörung und Tochter eines Vaters mit Alkoholkonsumstörung

Elvira (43 Jahre), ist die älteste von zwei Töchtern eines Kraftfahrers (Heinz, 63 Jahre) und seiner Ehefrau (Hildegard, 62 Jahre). Der Vater hatte schon früh mit häufigem Trinken begonnen. An Wochenenden oder an den Abenden, wenn er »auf Tour« war, nahmen die Trinkmengen immer mehr zu. Er stieg dabei von Bier immer häufiger auf Schnaps um. Später nahm er dann die ärztlich verordneten Benzodiazepine, um seine Trinkmengen zu verringern und zeitweise ganz alkoholabstinent zu sein. Seine spätere Ehefrau Hildegard lernte er kurz vor seinem 18. Geburtstag auf einem Junggesellenfest in seinem Heimatdorf kennen. Auch in dieser Situation hatte er viel getrunken. Hildegard wurde sehr schnell mit Elvira schwanger und die beiden beschlossen – eher unfreiwillig – zu heiraten, weil dies in ihren Familien so erwartet wurde. Zu Elviras ältesten Erinnerungen gehört eine Szene in der häuslichen Küche, bei der der Vater immer wütender wurde, heftig seine Frau Hildegard anbrüllte und ihr schließlich zweimal heftig ins Gesicht schlug. Sie erinnert immer noch, dass der Mutter daraufhin Blut aus der Nase lief und der Vater sich angewidert abwandte. Elvira zog sich in der Kindheit immer mehr zurück und entwickelte sich zu einem ängstlichen, selbstunsicheren Kind. Sie tröstete, so gut sie konnte, die oft verzweifelte, weinende Mutter. Heute weiß sie, dass die Mutter schon früh unter Depressionen litt und sogar Suizidgedanken hegte. Ihre kleine Schwester Melanie (37 Jahre) behütete sie so intensiv wie möglich. In der Schule war sie eher Einzelgängerin und hatte nur wenige Freundinnen. Nach dem Besuch der Realschule begann sie eine dreijährige Ausbildung zur Erzieherin. In ihrer Familie häuften sich in dieser Zeit die Streitigkeiten. Ihre Mutter schaffte es jedoch nicht, sich zu trennen. Nachdem der Vater vor 15 Jahren bei einem schweren Verkehrsunfall unter Alkohol- und Medikamenteneinfluss Führerschein und Arbeitsstelle verloren und auch schwere Frakturen und innere Verletzungen erlitten hatte, rückte die Familie enger zusammen. Heinz absolvierte eine mehrmonatige Entwöhnungsbehandlung und blieb danach – auch mit Unterstützung einer Suchtselbsthilfegruppe – abstinent. Während der stationären Therapie des Vaters lernte Elvira seinen Mitpatienten Oliver (heute 45 Jahre) kennen. Sie ging sehr schnell mit ihm eine feste Beziehung ein. Es war ihre zweite sexuelle Erfahrung mit einem Mann. Sie fühlte sich von Olivers Selbstsicherheit und Dominanz stark angezogen. Er sei im Unterschied zum Vater keiner, der »sich duckt und unterordnet«. Die beiden heirateten schon nach sechs Monaten und Elvira fühlte sich endlich »glücklich und angekommen«. Die Ehe blieb kinderlos, worunter Elvira sehr leidet, da sie sich immer sehnlichst ein Kind wünschte.

Nach dem Abschluss ihrer Ausbildung als Erzieherin hatte sie begonnen, in einer Kindertagesstätte zu arbeiten. Der Beruf macht ihr bis heute viel Freude. Oliver wurde drei Jahre nach Beendigung seiner Therapie rückfällig mit Alkohol und Amphetaminen. Er verweigerte jegliche Hilfe. Elvira versuchte zunächst, ihn zu überreden, wieder mit dem Substanzkonsum aufzuhören. Sie entschuldigte sein Verhalten nach außen, auch gegenüber ihren Eltern. Ihr Vater hat inzwischen eine dauerhafte Abstinenz erreicht und beschuldigte seine Tochter der »Komplizenschaft« mit Oliver und dass sie eine Co-Abhängige sei. Daraufhin zog sie sich immer weiter von ihm zurück und das Paar isolierte sich auch zunehmend von Verwandten und bisherigen Freunden.

Die Partnerschaft mit Oliver wird für Elvira immer belastender und anstrengender. Trotzdem schafft sie es nicht, sich zu trennen und leidet subjektiv sehr stark. Sie fühlt sich manchmal daran erinnert, wie es ihrer Mutter vor Jahren ergangen ist und hofft dann, dass Oliver eines Tages »doch noch zur Vernunft kommt« und wieder in Therapie geht, um abstinent zu werden.

Fall 2: Sarah (28), Frau mit Drogenkonsumstörung mit einem Partner mit Drogenkonsumstörung

Sarah (28 Jahre) konsumierte in ihrer Jugend früh Alkohol und Tabak (Einstieg mit 13 Jahren) und ab dem 15. Lebensjahr auch Cannabis. Sie fühlte sich von ihren Eltern, die sich bereits getrennt hatten, als sie noch im Kindergarten war, oft im Stich gelassen. Ihre Beziehung zur Mutter, bei der sie überwiegend aufwuchs und die nach der Trennung zunächst mehrere kurzzeitige Beziehungen zu Männern hatte, war oft disharmonisch und distanziert. Ihr war von der Mutter vermittelt worden, dass sie, Sarah, als ihr einziges Kind ihr Leben zerstört hatte, weil sie schon mit 18 Jahren mit ihr schwanger geworden sei und sie daraufhin ihre Berufsausbildung abgebrochen habe. Auch erzählte sie ihr einmal im alkoholisierten Zustand, dass sie sich damals zu spät zu einer Abtreibung entschlossen habe, weil sie die Schwangerschaft erst zu Beginn des dritten Monats bemerkt habe. In ihrem heutigen Alter habe sie keine Chance mehr auf einen adäquaten Job. Sarah selbst orientierte sich schon sehr früh nach außen und verbrachte viel Zeit mit ihren Schulfreundinnen und -freunden. Auch zu ihrem Vater hatte sie nie den gewünschten Kontakt. Dieser habe mit einer neuen Partnerin noch zwei Kinder bekommen und sie hätte sich bei den seltenen Besuchen in der dortigen Familie nicht wohl gefühlt.

Im Zusammensein mit ihrer gleichaltrigen Bezugsgruppe sei sie früh mit Alkohol, Zigaretten und Cannabis in Kontakt gekommen; auch Schulschwänzen, »feiern gehen« und frühe sexuelle Erfahrungen hätten zu ihrem Leben gehört. Mit 17 Jahren sei sie dann von ihrem damaligen Freund Mark schwanger geworden. Zunächst habe sie gehofft, dass sie jetzt eine Familie gründen könnten. Aber noch während ihrer Schwangerschaft sei Mark fremdgegangen und sie habe den Kontakt dann nach einigen Streitgesprächen endgültig abgebrochen. Während ihrer Schwangerschaft habe sie auf Alkohol und Cannabis fast völlig verzichtet, weil sie unbedingt ein gesundes Kind zur Welt bringen wollte. So kam es dann auch, worüber sie sehr glücklich war. Als alleinerziehende Mutter lebte sie zunächst in einer Mutter-Kind-Einrichtung, bis sie mit 22 Jahren Alex kennenlernte. Dieser konsumierte damals neben Cannabis – was sie zum damaligen Zeitpunkt auch wieder rauchte – Amphetamine und episodisch Kokain. Da Alex aber zu ihrem kleinen Sohn Marvin sehr lieb war, ließ sie sich überzeugen, mit ihm eine Familie zu sein. Beruflich war sie, sobald Marvin in den Kindergarten kam, halbtags als Verkäuferin tätig. In der Partnerschaft mit Alex kriselte es jedoch langsam immer mehr. Es kam nun auch häufiger zu Gewalthandlungen unter Drogeneinfluss gegen sie. Öfter habe der kleine Marvin hilflos beobachten müssen, wie Alex seine Mutter schlug. Alex hatte seinen Konsum in den letzten Jahren noch mehr gesteigert, während sie sich immer stärker für ihren Partner und ihren Sohn verantwortlich fühlte und deshalb ihren Konsum von Alkohol und Cannabis fast vollständig beendet hatte. Sie habe Alex auch immer seltener zu Partys begleitet.

Sarah träumt davon, ihr Abitur nachzuholen und ein Studium als Designerin zu beginnen. Alle ihre Ermahnungen an Alex, nicht so oft Drogen einzunehmen und auf Partys abzuhängen, waren bislang erfolglos. Auch fühlte sie sich von seinen häufigen Außenbeziehungen gedemütigt und genervt. Sie sehe nur noch wenig Sinn in der Beziehung, könne ihn jedoch nicht verlassen, weil sie seinen Jähzorn und die Gewalt fürchte und ihrem Sohn Marvin nicht den Vater nehmen wolle. Alex sei in den Momenten, in denen er frei von Drogen sei, ja auch sehr zärtlich und zugewandt.

Als sie vor einem Jahr von Alex schwanger geworden sei, habe sie das Kind ohne sein Wissen abtreiben lassen. Er sei damals für einige Wochen mit Kumpels auf einer Biker-Tour durch Skandinavien gewesen. Sie belaste diese Abtreibung noch heute sehr. Aber sie hätte nicht den Mut und die Energie gehabt, mit ihm ein zweites Kind groß zu ziehen, weil er immer mehr in den »Drogensumpf« abgeglitten sei. Auch hätte sie Angst gehabt, dass er eines Tages wegen seines Drogendealens verhaftet werde. Er konsumiere jetzt fast nur noch Crystal Meth und verhalte sich unter dieser Droge noch aggressiver, zunehmend auch »einfach merkwürdig« und »bizarr«. Inzwischen denkt sie immer öfter, dass sie hoffe, dass er eines Tages verhaftet und dann in eine Drogentherapie geschickt würde.

Fall 3: Maja (33), Frau eines Mannes mit Alkoholkonsumstörung

Maja (33 Jahre) ist in erster Ehe mit Mirko verheiratet. Aus der Ehe stammen zwei Kinder (Sarah, 10 Jahre und Leo, 8 Jahre). Ihre Herkunftsfamilie beschreibt Maja als ausgeglichen und liebevoll. Der Vater war kaufmännischer Angestellter und die Mutter Hausfrau und Verkäuferin in Teilzeit. Sie hat noch einen jüngeren Bruder (Dirk, 30 Jahre). Maja absolvierte die Realschule und machte anschließend eine Ausbildung zur Versicherungskauffrau. Im Alter von 18 Jahren lernte sie Mirko kennen, der sie mit seiner lockeren Art stark beeindruckte. Sie verliebte sich sofort in ihn. Er war ihr zweiter Sexualpartner und erster langjähriger Freund. Die beiden zogen schon nach wenigen Wochen zusammen und heirateten nach knapp einem Jahr. Mirko war zu dieser Zeit schon als Mechatroniker in einer großen KFZ-Werkstatt tätig. Maja hatte den Wunsch, dass er mehr aus sich machen solle und spornte ihn an, ein Ingenieurstudium an einer FH zu beginnen. Mirko traf sich aber lieber mit seinen Kumpels und sagte ihr, dass sein Arbeitsalltag schon stressig genug sei und er keine weiteren Anforderungen wünsche. Im Laufe der Ehejahre zog sich Mirko immer mehr zurück, traf seine Kumpels häufig und kam meist stark betrunken nach Hause. Es kam immer häufiger zu Streitigkeiten zwischen den Ehepartnern. Maja zog sich schließlich immer mehr zurück, wobei sie zunehmend die beiden Kinder oder ihre Eltern für ihre Sorgen vereinnahmte. In ihren Träumen erwog sie oft eine Trennung von Mirko, zu der ihr – nach eigener Aussage – in der Realität jedoch der Mut fehlte. Bei einem besonders heftigen Streit, bei dem sie Mirko an seine Pflichten als Vater erinnern wollte, kam es zu einer physischen Attacke von Mirko auf Maja. Er schlug sie hart ins Gesicht und verletzte sie dabei so schwer, dass eine klaffende Wunde genäht werden muss. Beim Gespräch mit der Chirurgin im Krankenhaus rät diese Maja zur Aufnahme in ein Frauenhaus. Maja ist zunächst zögerlich, stimmt aber dem Vorschlag der Ärztin zu, sich in ein Frauenhaus zu begeben und eine Angehörigengruppe für Partnerinnen von Männern mit Alkoholkonsumstörung zu besuchen. Derweil bekniet Mirko sie mit Blumen, allerlei Geschenken und vielen Anrufen und Mitteilungen auf ihrem Smartphone, doch wieder nach Hause zu kommen. Er werde sie nie mehr schlagen und er würde auf den Alkohol verzichten, wofür er auch keine Therapie brauche, da er jetzt erkannt habe, was er falsch gemacht habe.

Fall 4: Karin, Frau eines Mannes mit Glücksspielstörung
Karin (45 Jahre) ist seit zehn Jahren in zweiter Ehe mit Ivan (48 Jahre) verheiratet. Ihr erster Mann (Rolf) hatte ein »massives Alkoholproblem« und die Ehe war am Ende voller Spannungen und Gewalt. Sie hatte Rolf erst verlassen können, nachdem sie ihren Arbeitskollegen Ivan näher kennengelernt hatte. Dieser hatte ein Ohr für ihre Sorgen und Nöte, war einfühlsam und charmant. Anfangs führten Karin und Ivan eine glückliche Beziehung. Ihr Wunsch, noch ein Kind zu bekommen, nachdem die erste Ehe kinderlos geblieben war, erfüllte sich nicht. Karin wurde zeitweise depressiv und zog sich immer mehr von Ivan zurück. Sie wechselte in dieser Zeit auch ihre Arbeitsstelle, da sie sich in der alten Firma gemobbt fühlte. Ivan belastete dies sehr und er ging nach Feierabend immer häufiger auf dem Heimweg in eine Spielhalle, erzählte Karin aber, dass er Überstunden machen müsse. Karin machte sich zunehmend Sorgen, sie vermutete stark, dass Ivan fremdgehen würde. Er beruhigte sie immer wieder und konnte ihre Sorgen überwiegend zerstreuen. Vor zwei Jahren waren ihre Sorgen dann wieder so stark, dass sie Ivan heimlich auf dem Heimweg folgte. Dass er eine Spielhalle aufsuchte, schockierte sie sehr, da sie keinesfalls etwas Derartiges erwartet hatte. Sie schaffte es erst nach mehreren Tagen, Ivan darauf anzusprechen. Zunächst spielte er die Sache herunter. Als sie immer drängender wurde und mit Trennung drohte, gestand er ihr unter Tränen, dass er früher schon einmal sehr viel gespielt habe und erst kurz vor ihrer

Partnerschaft damit aufgehört habe. Er habe vor knapp zwei Jahren wieder damit begonnen und schäme sich sehr. In der Spielhalle könne er von allen Sorgen abschalten und sei für kurze Zeit zufrieden, bisweilen euphorisch. Diese Gefühle würde er zu Hause und auch sonst nicht mehr erleben. Karin verstand zunächst nicht, warum Ivan sich zu Hause bei ihr nicht vollkommen wohl fühlte und gab sich die Schuld an seiner Flucht ins Spielen. Sie begann eine Psychotherapie, um sich über alles klar zu werden. Erst nach und nach konnte sie sich mit Hilfe dieser Therapie von ihren Schuldgefühlen entlasten. Sie erkannte, dass Ivan auch schon vor ihrer Partnerschaft viele Probleme mit sich selbst gehabt hatte, sie mit ihrer Depression nicht verantwortlich für sein Spielen war und er seine Probleme nicht wirklich gelöst hatte.

Karin hofft nun, dass auch er sich in Behandlung begibt. Sie ist eher skeptisch, dass die gemeinsame Partnerschaft sich wieder erholt, will Ivan aber zunächst noch eine Chance geben.

3 Epidemiologie

Im Folgenden wird auf Störungen durch Substanzgebrauch (in Bezug auf legale und illegale Substanzen) sowie Störungen durch Verhaltenssüchte eingegangen. Nach Tabakkonsum und Bluthochdruck ist Alkoholkonsum der wichtigste Risikofaktor für Krankheit und vorzeitigen Tod in Europa (OECD 2016). Schätzungen zufolge liegen die Todesfälle in Deutschland, die aus Alkoholkonsum resultieren, pro Jahr bei zwischen 42.000 und 74.000 Menschen (Adams & Effertz 2011; John & Hanke 2002; Konnopka & König 2007; Robert-Koch-Institut (RKI) 2002). Ein Viertel davon ist alleinig auf den Konsum von Alkohol zurückzuführen, drei Viertel auf eine Kombination aus Tabak und Alkohol (John & Hanke 2002).

Neben den (teil-)legalen Drogen Alkohol und Cannabis sind nach dem Betäubungsmittelgesetz (BtMG) einige Substanzen grundsätzlich verboten, andere auf den Einsatz in medizinisch-therapeutischen Anwendungen beschränkt. Zu den Substanzen, die unter das BtMG fallen und hier eine Rolle spielen, gehören Opioide (wie z.B. Heroin, Fentanyl), Kokain sowie Amphetamine und Methamphetamin. In den letzten Jahren spielen auch sog. Neue Psychoaktive Stoffe (NPS) eine immer größere Rolle. Die sogenannten »Badesalze«, »Kräutermischungen« oder »Legal Highs« konnten in der Vergangenheit durch kleine Veränderungen an der chemischen Struktur das BtMG relativ einfach umgehen. Seit dem 26.11.2016 ist diese rechtliche Grauzone mit dem Neue-psychoaktive-Stoffe-Gesetz (NpSG) stärker eingeschränkt, denn es verbietet erstmals in Deutschland ganze Stoffgruppen.

Darüber hinaus stehen auch immer mehr die Störungen durch Verhaltenssüchte im Blickpunkt der Öffentlichkeit wie der Wissenschaft. Dazu gehören z.B. die Glücksspielstörung die Computerspielstörung sowie exzessiver Konsum von Sozialen Medien oder Pornographie und auch pathologisches Kaufen. Störungen durch

Verhaltenssüchte äußern sich nicht durch den übermäßigen oder schädlichen Konsum psychoaktiver Substanzen, sondern durch die übermäßige Durchführung von bestimmten Verhaltensweisen und den Kontrollverlust in Bezug auf diese Verhaltensweisen. Die Rolle der Angehörigen von Menschen mit Störungen durch Verhaltenssüchte ist bislang – von wenigen Ausnahmen abgesehen (Buchner et al. 2013) – jedoch noch weniger thematisiert und in Hilfeangeboten berücksichtigt als die von Angehörigen von Menschen mit Substanzkonsumstörung.

> **Merke**
> Zu den Angehörigen von Menschen mit Suchterkrankungen zählen sowohl jene von Menschen mit Substanzgebrauchsstörung als auch jene von Menschen mit Störungen durch Verhaltenssüchte.

3.1 Prävalenz von Störungen durch Substanzgebrauch

Insgesamt sind Alkohol und Tabak die am weitesten verbreiteten psychotropen Substanzen in Deutschland (Pfeiffer-Gerschel, Dammer, Schulte, Karachaliou, Budde & Rummel 2016). Dies hängt vor allem mit ihrem legalen Status, der leichten Verfügbarkeit und im Falle des Alkohols mit dem vergleichsweise niedrigen Preis und dem geringen Problembewusstsein hinsichtlich der Konsumfolgen in der Bevölkerung zusammen.

Den Ergebnissen des repräsentativen Epidemiologischen Suchtsurveys (ESA) zufolge **wird** Alkohol in Deutschland als häufigste psychoaktive Substanz konsumiert: Im letzten Monat vor der Befragung hatten 70,5 % (36,1 Millionen) Studienteilnehmer Alkohol konsumiert (Rauschert et al 2022). Ein problematischer Konsum lag für Alkohol bei 17,6 % (9,0 Millionen) der Befragten vor. In Bezug auf alkoholbezogene Störungen zeigen Ergebnisse des ESA aus dem Jahr 2018, dass hochgerechnet 3,1 % der deutschen Bevölkerung (ca. 1,6 Millionen Personen) eine Alkoholkonsumstörung aufweisen (Atzendorf et al. 2019).

Alkoholkonsumstörung nach DSM-5-TR[1]
Mit der Einführung des Diagnostic and Statistical Manual of Mental Disorders, 5th Edition (DSM-5) der American Psychiatric Association (APA), wurde im Jahr 2013 die Unterscheidung zwischen Alkoholmissbrauch und Abhängigkeit zugunsten der Alkoholkonsumstörung aufgegeben. Hauptgrund dafür waren eine Reihe von wissenschaftlichen Befunden (für einen Überblick siehe Rumpf und Kiefer 2011), die die kategoriale Trennung zwischen Alkoholmissbrauch und -abhängigkeit infrage stellen und ein dimensionales Störungsmodell mit unterschiedlichen Ausprägungsgraden nahelegen. Da viele Artikel weiterhin mit dieser Trennung arbeiten bzw. arbeiteten finden sich hier der Klarheit halber die Bezeichnungen, die die Autoren verwendeten.

Im Folgenden ist die neuere Klassifizierung von Substanzgebrauchsstörungen am Beispiel der Alkoholkonsumstörung nach der textrevidierten Version des DSM (DSM-5-TR) aus dem Jahr 2022 beschrieben. An der dimensionalen Diagnostik des früheren DSM-5 wird im DSM-5-TR weiterhin festgehalten.

Im DSM-5-TR werden elf Kriterien benannt, die mit einer Alkoholkonsumstörung assoziiert werden. Von diesen elf Kriterien müssen zwei Kriterien innerhalb eines 12-Monats-Zeitraums erfüllt sein. Der Schweregrad der Störung wird anhand der Anzahl der Kriterien eingeteilt: 2–3 Kriterien: leicht; 4–5 Kriterien: moderat; ≥ 6 Kriterien: schwer. Die elf Kriterien lauten:

---

[1] *Hinweis:* Dies ist keine wörtliche Wiedergabe der Kriterien – diese finden Sie in APA 2022.

1. Alkohol wird häufig in größeren Mengen oder über einen längeren Zeitraum als beabsichtigt konsumiert.
2. Es besteht der anhaltende Wunsch oder es gibt erfolglose Bemühungen, den Alkoholkonsum zu reduzieren oder zu kontrollieren.
3. Es wird viel Zeit mit Aktivitäten verbracht, die notwendig sind, um Alkohol zu beschaffen, zu konsumieren oder sich von seiner Wirkung zu erholen.
4. Craving, d.h. ein starkes Verlangen oder ein Drang, Alkohol zu konsumieren
5. Wiederholter Alkoholkonsum, der dazu führt, dass wichtige Aufgaben bei der Arbeit, in der Schule oder zu Hause nicht erfüllt werden können.
6. Fortgesetzter Alkoholkonsum trotz anhaltender oder wiederkehrender sozialer oder zwischenmenschlicher Probleme, die durch die Auswirkungen des Alkohols verursacht oder verschlimmert werden.
7. Wichtige soziale, berufliche oder Freizeitaktivitäten werden aufgrund des Alkoholkonsums aufgegeben oder erkennbar eingeschränkt.
8. Wiederholter Alkoholkonsum in Situationen, in denen er körperlich gefährlich ist.
9. Der Alkoholkonsum wird fortgesetzt, obwohl bekannt ist, dass ein anhaltendes oder wiederkehrendes körperliches oder psychisches Problem vorliegt, das wahrscheinlich durch Alkohol verursacht oder verschlimmert wurde.
10. Toleranz, definiert durch einen der folgenden Punkte: a) Ein Bedarf an deutlich erhöhten Alkoholmengen, um einen Rausch oder die gewünschte Wirkung zu erzielen und/oder b) eine deutlich verringerte Wirkung bei fortgesetztem Konsum der gleichen Alkoholmenge.
11. Entzug, der sich durch einen der folgenden Punkte äußert: a) Das für Alkohol charakteristische Entzugssyndrom und/oder b) Alkohol (oder eine eng verwandte Substanz, wie z.B. ein Ben-

zodiazepin) wird eingenommen, um die Entzugssymptome zu lindern oder zu vermeiden.

Mit Blick auf die Verbreitung von verschreibungspflichtigen Medikamenten und illegalen Drogen zeigen die Ergebnisse des ESA 2021 (Rauschert et al. 2022), dass die Substanz Cannabis mit 8,8 % (3,7 Mio. Personen) am häufigsten konsumiert wurde (12-Monats-Prävalenz), gefolgt von Kokain/Crack (1,6 %; 818.000) und Amphetamin (1,4 %; 716.000). Ein problematischer Konsum lag für Cannabis bei 2,5 % (1,3 Millionen) der Befragten vor. Die genauen Zahlen von Abhängigkeitsstörungen von illegalen Drogen lassen sich nur schwierig erfassen, da Menschen mit intensivem Drogenkonsum oft nicht an bevölkerungsrepräsentativen Befragungen teilnehmen. Die Hochrechnungen aus dem ESA 2018 (Atzendorf et al. 2019) lassen jedoch darauf schließen, dass die Abhängigkeitsraten unter den Studienteilnehmerinnen und -teilnehmern für Schlaf- und Beruhigungsmitteln bei 0,7 %, für Cannabis bei 0,6 %, für Amphetamine bei 0,2 % und für Kokain bei 0,1 % lagen. Von einer deutlich höheren Dunkelziffer ist auszugehen. In Bezug auf eine Opioidabhängigkeit basiert die jüngste Schätzung der Anzahl betroffener Personen aus dem Jahr 2016 (Kraus et al. 2019). Diese Schätzung basiert auf einer Zählung von Personen in Deutschland mit einer Opioidabhängigkeit, die im Substitutionsregister gemeldet waren, einer Zählung der in der ambulanten und stationären Suchthilfe gemeldeten Personen ohne Substitutionsbehandlung und einer Hochrechnung auf alle Einrichtungen sowie einer Schätzung der Anzahl von Personen mit einer Opioidabhängigkeit, die weder im Substitutionsregister noch in der Suchthilfe erfasst waren. Aus diesen Statistiken ergibt sich eine Gesamtschätzung von 166.294 Personen mit einer Opioidabhängigkeit. Der deutschlandweite Durchschnittswert beträgt 3,1 betroffene Personen pro 1.000 Einwohner.

Die Datenlage zeigt insgesamt, dass Männer häufiger als Frauen substanzbezogene Störungen in Bezug auf den Gebrauch von illegalen

Drogen aufweisen. Die Prävalenzwerte für die einzelnen Diagnosen sind im jungen Erwachsenenalter tendenziell höher.

3.2 Prävalenz von Störungen durch Verhaltenssüchte

Trotz relativ übereinstimmender Definitionen der Störungsbilder werden die Störungen durch Verhaltenssüchte in den Klassifikationssystemen DSM und ICD nicht auf die gleiche Art und Weise berücksichtigt wie Störungen durch Substanzgebrauch (Rumpf & Mann 2017). Im DSM-5 (American Psychiatric Association 2013) wurde das pathologische Glücksspiel in den Bereich der Suchterkrankungen aufgenommen, nachdem es im DSM-IV noch zu den Impulskontrollstörungen gehörte. Grund hierfür war, dass pathologisches Spielen in verschiedenen Studien starke Gemeinsamkeiten mit substanzgebundenen Abhängigkeitsstörungen hinsichtlich der Neurobiologie, Komorbidität und Behandlung aufwies. Weiterhin wurde im DSM-5 die Diagnose »Internet Gaming Disorder (IGD)« als Vorschlag für ein Störungskonzept aufgenommen, welches allerdings weiterer Forschung bedarf. In der ICD-10 (Dilling, Mombour & Schmidt 2015), dem in Deutschland in der Gesundheitsversorgung (noch) verwendeten Klassifikationssystem für psychische Störungen, sind Störungen durch Verhaltenssüchte nicht aufgeführt. Eine Ausnahme bildet das »Pathologische Glücksspiel«, welches im Kapitel F6 bei den »Störungen der Impulskontrolle« (F63.00) verortet ist. Andere Störungen durch Verhaltenssüchte können laut ICD-10 bestenfalls als »Impulskontrollstörungen, nicht näher bestimmt« (F 63.9), klassifiziert werden.

In der ICD-11, welche zwar bereits im Jahr 2022 in Kraft getreten ist, als deutsche Übersetzung aber erst nach 2026 in Kraft treten wird, gibt es das Kapitel 6 (»Psychische Störungen, Verhaltensstörungen oder neuronale Entwicklungsstörungen«) (Bundesinstitut für Arzneimittel und Medizinprodukte 2023). In diesem befindet sich das Unterkapitel »Störungen durch Substanzgebrauch oder Verhaltenssüchte«, das sich noch einmal aufgliedert in »Störungen durch Substanzgebrauch« und »Störungen durch Verhaltenssüchte«. In der letztgenannten Kategorie finden sich die Diagnosen »Glücksspielsucht« und »Computerspielsucht«. Beide Störungsbilder lassen sich jeweils noch nach dem Ort des Spielens spezifizieren in »vorwiegend offline« und »vorwiegend online«. Diese Unterscheidung kann für Angehörige sehr bedeutsam sein. Weiterhin enthalten sind die Kodierungsmöglichkeiten »Sonstige näher bezeichnete Störungen durch Verhaltenssüchte« (für z.B. Soziale-Netzwerke-Nutzungsstörung, Shopping-Störung) und »Störungen durch Verhaltenssüchte, nicht näher bezeichnet« (unspezifizierte Kategorie).

Die zunehmende Evidenz für das Vorliegen von Störungen durch die Nutzung Sozialer Netzwerke macht möglicherweise in Zukunft die Erweiterung des Bereichs der Verhaltenssüchte in der ICD notwendig (Rumpf & Mann 2017). Auch die Fortschritte in der Forschung zu Störungen im Zusammenhang mit exzessiver Pornographienutzung mag in der Zukunft zu einer Neueinordnung der »Compulsive Sexual Behaviour Disorder« führen.

Merke
Zu den wichtigsten Verhaltenssüchten gehören die Glücksspielsucht, Computerspielsucht, Soziale-Netzwerke-Nutzungsstörung, Shopping-Störung und Pornographienutzungsstörung.

Glücksspielstörung nach DSM-5-TR[2]
Eine Glücksspielstörung ist nach dem DSM-5 gegeben, wenn ein anhaltendes und wiederkehrendes problematisches Spielverhalten

---

[2] *Hinweis:* Dies ist keine wörtliche Wiedergabe der Kriterien – diese finden Sie in APA 2022.

vorliegt, das zu einer klinisch bedeutsamen Beeinträchtigung oder einem Leidensdruck führt, was dadurch angezeigt wird, dass die/der Betroffene vier (oder mehr) der folgenden Merkmale innerhalb eines Zeitraums von zwölf Monaten aufweist:

1. Die/der Betroffene muss mit immer höheren Geldbeträgen spielen, um den gewünschten Nervenkitzel zu erreichen.
2. Die/der Betroffene ist unruhig oder reizbar, wenn sie/er versucht, das Spielen einzuschränken oder zu beenden.
3. Die/der Betroffene hat wiederholt erfolglose Versuche unternommen, das Spielen zu kontrollieren, einzuschränken oder zu beenden.
4. Die/der Betroffene beschäftigt sich häufig mit dem Spielen (z. B., anhaltende Gedanken an vergangene Glücksspielerlebnisse, Planung der nächsten Unternehmung, Überlegungen, wie man an Geld zum Spielen kommt).
5. Die/der Betroffene spielt oft, wenn sie/er sich bedrückt fühlt (z. B., hilflos, schuldig, ängstlich, deprimiert).
6. Nachdem die/der Betroffene beim Spielen Geld verloren hat, kehrt die/der Betroffene oft an einem anderen Tag zurück, um sich zu revanchieren (»Jagd« nach seinen Verlusten).
7. Die/der Betroffene lügt, um das Ausmaß seiner Beteiligung am Glücksspiel zu verbergen.
8. Die/der Betroffene hat eine wichtige Beziehung, einen Arbeitsplatz oder eine Ausbildungs- oder Karrieremöglichkeit wegen des Glücksspiels gefährdet oder verloren.
9. Die/der Betroffene verlässt sich darauf, dass andere ihm Geld zur Verfügung stellen, um die durch das Glücksspiel verursachte verzweifelte finanzielle Lage zu erleichtern.
10. Das Glücksspielverhalten der/des Betroffenen lässt sich nicht durch eine manische Episode erklären.

Bei der Schwere der Symptomatik wird unterschieden zwischen leicht (4 bis 5 Kriterien), moderat (6 bis 7 Kriterien) und schwer (8 bis 9 Kriterien).

In einer im Jahr 2021 durchgeführten Bevölkerungsbefragung von Buth, Meyer & Kalke (2022) wurde die Prävalenz einer Glücksspielstörung erstmals durch die Kriterien des DSM-5 erfasst und der aktuelle Schweregrad der Störung bestimmt. Bei 2,3 % der befragten Personen im Alter von 18 bis 70 Jahren weisen die Befunde auf eine Glücksspielstörung hin. Bei 1,1 % handelt es sich um eine leichte Störung, bei 0,7 % um eine mittlere und bei ca. 0,5 % eine schwere Störung. Neben dem pathologischen Glücksspiel sind vor allem pathologische Internetnutzung, Computerspielsucht und pathologisches Kaufen von epidemiologischer Relevanz. Die Befunde zur Epidemiologie der Internet- und Computerspielsucht sind sehr heterogen. Dies liegt zum einen an der oft eingeschränkten Repräsentativität der vorliegenden Studien, zum anderen an der ungeklärten diagnostischen Einordnung und Instrumentalisierung.

Internet Gaming Disorder nach DSM-5-TR[3]
Die APA sieht sinngemäß die folgenden vorläufigen Kriterien für die Diagnose der Internet Gaming Disorder vor:
Andauernder und wiederholter Gebrauch des Internets zum Zweck des Online-Spielens, häufig gemeinsam mit anderen Spielern. Dieser Gebrauch führt zu einer klinisch signifikanten Behinderung oder Einschränkungen im Leben. Es treten mindestens fünf (oder mehr) der folgenden Symptome über einen Zeitraum von 12 Monaten auf:

1. Andauernde Beschäftigung mit Internet- bzw. Online-Spielen (Der Betroffene denkt über frühere Online-Spiele nach oder

---

3 *Hinweis:* Dies ist keine wörtliche Wiedergabe der Kriterien – diese finden Sie in APA 2022.

beschäftigt sich gedanklich mit zukünftigen Spielen. Die Online-Spiele werden zur dominierenden Aktivität des alltäglichen Lebens.)
2. Entzugssymptome, wenn das Online-Spielen nicht zur Verfügung steht. (Diese Entzugssymptome werden typischerweise meist als Gereiztheit, Ängstlichkeit oder Traurigkeit beschrieben. Körperliche Symptome im Sinne eines Medikamentenentzugs werden nicht beschrieben.)
3. Toleranzentwicklung mit der Folge, dass zunehmend Zeit beim Online-Spielen verbracht wird.
4. Erfolglose Versuche, die Teilnahme am Online-Spielen zu beenden.
5. Verlust des Interesses an früheren Hobbies oder Aktivitäten als Folge des Online-Spielens.
6. Andauerndes exzessives Online-Spielen trotz des Wissens um die aufgetretenen psychosozialen Probleme.
7. Täuschen und Belügen von Familienmitgliedern, Therapeuten oder anderen Personen in Bezug auf das wirkliche Ausmaß des Online-Spielens.
8. Online-Spiele werden benutzt, um aus negativen Emotionen (wie z.B. Gefühle von Hilflosigkeit, Schuld oder Ängstlichkeit) herauszukommen oder um diese wenigstens zu lindern.
9. Gefährdung oder Verlust von wichtigen Bekanntschaften, Beruf, Ausbildung oder Karriere-Möglichkeiten wegen des Online-Spielens.

Die Internet Gaming Disorder ist von der Internet-Glücksspielstörung zu unterscheiden, die dem Pathologischen Spielen zugeordnet ist.

Zur Internetabhängigkeit existieren bislang drei allgemeinbevölkerungsbasierte Prävalenzschätzungen, eine davon für den deutschsprachigen Raum. Im Rahmen der Studie *Pathologisches Glücksspielen und Epidemiologie* (PAGE 2013) wurde auf Daten der Erhebung *Prävalenz der Internetabhängigkeit* (PINTA) von Rumpf et al. (2011) zurückgegriffen. 15.024 Personen im Alter von 14 bis 64 Jahren wurden telefonisch zu ihrer Internetnutzung befragt. 1 % der Gesamtstichprobe wurde als internetabhängig bezeichnet, weitere 3–4 % galten als suchtgefährdet. Erwartungsgemäß lag dieser Anteil in der Gruppe der 14- bis 16-Jährigen mit 4 % am höchsten. Die anderen beiden allgemeinbevölkerungsbasierten Schätzungen kommen auf ähnliche Ergebnisse: Aboujaoude et al. (2006) berichten, bezogen auf die USA, Prävalenzen von 0,3 bis 0,7 %, Bakken et al. (2009) für Norwegen von 1 % internetabhängigen Personen bzw. 5,2 % »riskanten Nutzern«.

In der Forschung zur Computerspielnutzungsstörung dominieren, wie bei der Internetnutzungsstörung, Stichproben mit jugendlichen Teilnehmern. Zwei Studien versuchen eine deutschlandweite repräsentative Erhebung. Mit einer Stichprobe von 600 Teilnehmern gehen Schmidt et al. (2011) von 0,5 % abhängigen sowie 0,9 % gefährdeten Nutzern aus. Fest et al. (2013) ermitteln über eine repräsentative telefongestützte Befragung von 4.382 Computerspielern (ursprünglich 50.000, Rücklauf: 8,8 %) 3,7 % gefährdete sowie 0,2 % abhängige Spieler. Eine Person galt in dieser Erhebung als abhängig, wenn sie sieben von sieben Diagnosekriterien der Gaming Addiction Scale (GAS) erfüllt.

In einer weiteren Studie untersuchten Wenzel, Øren und Bakken (2008) die Epidemiologie von problematischem Spielverhalten in der norwegischen Allgemeinbevölkerung. Insgesamt 3.483 Personen zwischen 16 und 74 Jahren (Rücklaufquote: 36,1 %) beantworteten das »Lie/Bet Screen for Pathological Gambling« (Johnson et. al 1997) für sich und in abgewandelter Form bezogen auf ihr Umfeld. Das als effizient bezeichnete Screening besteht aus den zwei Fragen »Have you ever felt the need to bet more and more money?« und »Have you ever had to lie to people important to you about how much you gamble?« bzw. in adaptierter Form »Have you ever noticed that a close relative spent more and more money on gambling?« und »Have you ever experienced that a close relative lied to you about how much he/she gambles?«. Personen, die die beiden zuletzt genannten Fragen mit »Ja« beantworten, gelten als »Concerned Significant

Others« (CSOs). Insgesamt wurden so 2 % der Stichprobe als CSOs identifiziert. Es zeigten sich signifikante Zusammenhänge der CSOs mit weiblichem Geschlecht, einem Alter unter 45 Jahren, Scheidung, unzufriedenstellender finanzieller Situation und subjektiv schlechtem physischem als auch psychischem Gesundheitszustand. Dies äußert sich z. B. in berichteten Schlafstörungen oder depressiver Verstimmung. Einer von sechs CSOs attribuiert die Verschlechterung des eigenen Gesundheitszustands dabei auf das Spielproblem in der Familie. Die Hälfte der CSOs berichtet in gleicher Weise von einer Verschlechterung der finanziellen Situation durch das problematische Spielverhalten eines Angehörigen. Des Weiteren war der Anteil an eigenen Spielproblemen unter den CSOs signifikant höher als unter den Non-CSOs. Es ist anzunehmen, dass eine Aggregation von Spielproblematiken in Familien finanzielle Nöte bis hin zu starker Armut potenziert, während sie gleichzeitig familiäre Bewältigungsressourcen reduziert. Anhand der Daten ist leider keine genaue Aussage über die Verwandtschaftsart zwischen CSO und Spieler möglich, die Autoren vermuten aufgrund der Häufung von weiblichen und geschiedenen CSOs jedoch, dass es sich bei den CSOs größtenteils um (ehemalige) Partnerinnen von männlichen Spielern handelt.

Pathologisches Kaufen, impulsives Kaufen und Kaufzwang
Müller, Mitchell & de Zwaan (2015) beschreiben pathologisches Kaufen als die übermäßige, oft nicht zweckgebundene Beschäftigung mit dem Erstehen von Gegenständen, die mit regelmäßigen Kaufepisoden und psychischen Belastungen sowie Problemen im sozialen, beruflichen und/oder finanziellen Bereich einhergeht. Im extremen Fall zieht es hohe Verschuldung und Beschaffungsdelinquenz nach sich. In Behandlungs-Settings fallen Komorbiditäten vor allem mit Angststörungen und depressiven Störungen auf (Müller et al. 2015).

Der Begriff ist laut Müller et al. (2015) von »impulsivem Kaufen« und »Kaufzwang« abzugrenzen. Ersteres bezieht sich auf plötzlich auftretenden Kontrollverlust, der durch externale Reize ausgelöst wird. Impulsives Kaufen findet sich unter »normalen« Konsumenten, bei denen unmittelbares Verlangen die Willenskraft, der Versuchung zu widerstehen, übersteigt. Individuen, die unter pathologischem Kaufen leiden, zeigen hingegen eine übermäßige Beschäftigung mit ihrem Kaufverhalten, das hauptsächlich von internalen Bedürfnissen und repetitivem, unangemessenem Konsumverhalten geprägt ist, welches die Rollenausübung im Privatleben und Beruf beeinträchtigt. Mit einer Zuordnung vom pathologischen Kaufen zu Verhaltenssüchten, ist das Konzept zweitens vom Kaufzwang abzugrenzen, welches eine Kategorisierung als Zwangsstörung und nicht als Sucht nahelegt. Laut Müller et al. (2015) unterscheidet sich pathologisches Kaufen dahingehend von einer Zwangsstörung, dass der Konsum wesentlich weniger ritualisiert abläuft als es für Verhalten bei Zwangshandlungen typisch wäre. Darüber hinaus geht pathologisches Kaufen mit Craving, Kontrollverlust und entzugsähnlichen Symptomen einher, welche sich auch bei Substanzstörungen finden. Eine weitere Analogie besteht darin, dass zu Beginn positive Verstärkungsprozesse eine Rolle spielen, die mit dem weiteren Fortschreiten der Störung durch negative Verstärkungsprozesse abgelöst werden. Die Kenntnis über neurobiologische und ätiologische Faktoren ist allerdings begrenzt, sodass eine Einordnung im DSM-5 bei substanzbezogenen Störungen, wie es für das pathologische Spielen der Fall ist, mit dem bisherigen Kenntnisstand nicht möglich ist.

Repräsentative Fragebogenerhebungen schätzen circa 5–8 % der erwachsenen Bevölkerung als kaufsuchtgefährdet ein (Müller et al. 2014). Daten aus Dänemark und Deutschland bestätigen in den Jahren 2010 bis 2012 einen signifikanten Anstieg der kaufsuchtgefährdeten Personen (Hubert et al. 2014). Der Effekt fand sich gleichermaßen bei Frauen und Männern. Die Autoren gehen davon aus, dass unter anderem neue Einkaufsmöglichkeiten über das Internet zu dem Anstieg beitragen. Darüber hinaus ist Einkaufen als Mittel zur

Selbstwertsteigerung und Abgrenzung sowie als Freizeitvertreib eine akzeptierte Option.

Die größte deutsche Repräsentativbefragung mit 2.513 Teilnehmern (Müller et al. 2010) bestätigt außerdem vorherige Befunde, in denen Kaufsucht negativ mit dem Alter korreliert ist. Jüngere Menschen scheinen zu exzessiverem Konsumverhalten zu neigen als ältere. Befunde zum Geschlechterverhältnis sind jedoch widersprüchlich: Müller et al. (2010), Müller et al. (2015) sowie Koran, Faber, Aboujaoude, Large und Serpe (2006) konnten keine Geschlechtsunterschiede in der Prävalenz von pathologischem Kaufen finden. Der Frauenanteil in Therapiestudien bewegt sich hingegen oft zwischen 80 und 100 % (Müller et al. 2014) und pathologisches Kaufen wird häufig als ein weibliches Problem beschrieben (z.B. Neuner et al. 2005). Die oben genannten Studien mit breiteren Stichproben legen nahe, dass eine Diskrepanz zwischen der Verbreitung in der Gesamtpopulation, bei der Männer und Frauen gleichermaßen betroffen sind, und der Inanspruchnahme von Hilfe, die eher Frauen wahrnehmen, die Ursache für die unterschiedlichen gefundenen Geschlechterverhältnisse sein kann.

3.3 Prävalenzen zu Angehörigen von Menschen mit Suchterkrankungen

Die vorliegenden Statistiken zur Verbreitung von Störungen durch Substanzgebrauch und Störungen durch Verhaltenssüchte in Deutschland machen deutlich, dass die Gruppe der Menschen mit Suchterkrankungen groß ist und keine Randgruppe darstellt. In der Konsequenz ist auch die Gruppe ihrer Angehörigen groß, zahlenmäßig noch größer, da im Umfeld eines Menschen mit Suchterkrankung meist mehrere nahe Angehörige leben. Zahlen zu Angehörigen von Suchtkranken sind in der Regel wenig differenziert und empirisch fundiert vorhanden, aber es gibt verschiedene begründete Schätzungen. Die meisten Schätzungen konzentrieren sich auf Lebenspartner oder Kinder von Personen mit Suchterkrankung.

> **Merke**
> Die wichtigsten Angehörigengruppen sind Partner, Kinder und Eltern.

Auf Basis einer älteren Hochrechnung aus dem Epidemiologischen Suchtsurvey aus dem Jahr 2012 über die Anzahl von Personen mit einer Substanzkonsumstörung in Bezug auf Alkohol, Nikotin, Cannabis, Kokain, Amphetamin sowie Schmerz-, Schlaf- und Beruhigungsmitteln schätzen Gomes de Matos, Kraus und Piontek (2016), dass 10,5 Mio. Personen in Deutschland mit einer Person mit Substanzkonsumstörung als Lebenspartner oder Kind zusammenleben. Werden nur Lebenspartner und im Haushalt lebende Kinder unter 14 Jahren berücksichtigt, sind circa. 8,0 Mio. Personen betroffen (▶ Tab. 1). Basis dieser Hochrechnungen ist eine Prävalenz der oben genannten Suchterkrankungen von 15,9 % der 18- bis 64-Jährigen und 50.564.000 Einwohnern dieser Altersgruppe in Deutschland.

Tab. 1: Durchschnittliche Anzahl Betroffener pro Person mit Substanzabhängigkeit und hochgerechnete Gesamtzahl (aus: Gomes de Matos, Kraus & Piontek 2016; S.3)

	Durchschnittliche Anzahl pro Person mit Abhängigkeitserkrankung	Gesamtzahl in deutscher Bevölkerung in Mio.
Lebenspartner	0,58	4,66
eigene Kinder	1,15	9,24
Kinder im Haushalt	0,73	5,87
Kinder im Haushalt unter 14 Jahren	0,41	3,29

3.3 Prävalenzen zu Angehörigen von Menschen mit Suchterkrankungen

Diese Zahlen belegen, dass eine substanzielle Gruppe von Menschen verschiedener Altersstufen in der Bevölkerung betroffen ist, was eine erhebliche Anforderung an die Versorgungssysteme stellt. Gemessen an der Zahl der Menschen mit Suchterkrankungen liegt die Zahl der direkt betroffenen Angehörigen damit deutlich höher.

Im Rahmen der BEPAS-Studie (»Belastungen und Perspektiven Angehöriger Suchtkranker«) ermittelten Berndt et al. (2017) eine Quote von 9,5 % der Bevölkerung, die mindestens einen Angehörigen mit Suchterkrankung mit akuter Symptomatik aufweisen.

Die DHS (2013a) geht allein in Bezug auf Alkoholkonsumstörung davon aus, dass etwa zwischen 5 und 7 Mio. Personen als Angehörige unmittelbar mitbetroffen sind. In erster Linie sind dies Ehe- oder Lebenspartner, die mit der alkoholabhängigen Person zusammenleben.

> **Merke**
> 9,5 % der Menschen in der Bevölkerung sind Angehörige von Menschen mit Substanzkonsumstörung

3.3.1 Prävalenzraten zu Partnern von Personen mit Substanz- oder Verhaltenssüchten

Laut Gomes de Matos et al. (2016) sind pro Person mit Suchterkrankung 0,58 Lebenspartner betroffen. Dies entspricht einer Gesamtzahl von 4,5 Mio. betroffenen Lebenspartnern. Als Lebenspartner gelten hier verheiratete und unverheiratete zusammenlebende Personen. In der BEPAS-Studie stellte sich bei einer Analyse der GEDA-Survey-Daten zur psychischen Gesundheit der Erwachsenen in Deutschland heraus, dass von 24.450 Befragten insgesamt 9,5 % angaben, einen Angehörigen mit einer Suchterkrankung zu haben (Berndt et al. 2017). Je nachdem, wie weit der Begriff »Angehörige« gefasst wird, sind mehr oder weniger Personen im Umfeld der Menschen mit Suchterkrankungen betroffen. Bereits Lesieur und Custer (1984) gingen von einer relativ breiten Definition aus und schließen auch Freunde, entfernte Verwandte oder Arbeitskollegen ein. Je nach Störungsbild können damit viele Angehörige pro betroffene Person gezählt werden (Beispiel Glücksspielstörung: 10 bis 15 Angehörige pro Person mit Glücksspielstörung). Diese breite Definition ist jedoch sehr sinnvoll, wenn z. b. Freunde gebeten werden, der betroffenen Person Geld zu leihen oder am Arbeitsplatz Probleme aufgrund der Spielsucht entstehen. Die DHS (2013b) geht ebenfalls davon aus, dass pro Person mit Glücksspielstörung etwa acht bis zehn Personen aus dem Umfeld mitbetroffen sein können. Dies bezieht sich vor allem darauf, dass oft Schulden bei näheren Verwandten und Freunden gemacht werden.

Merke
Werden Freunde und enge Kollegen mitgezählt, können mehr als zehn Personen im Umfeld eines Menschen mit Suchterkrankung als Angehörige betroffen sein.

Orford et al. (2010) stellten in ihrem Übersichtsartikel fest, dass Frauen in Studien zu Angehörigen von suchtkranken Menschen als Ehe- oder Lebenspartner überrepräsentiert sind. Andere Studien (z. B. Brand et al. 2014, Steppan et al. 2014) zeigen jedoch auch, dass ein beträchtlicher Teil der Menschen mit Suchterkrankung nicht in festen Beziehungen lebt. Unter Betroffenen, die sich aufgrund einer Alkohol-, Opioid-, Stimulanzien- oder Kokainkonsumstörung in ambulanter Behandlung befinden, trifft diese Aussage auf etwa jeden Zweiten zu. Unter den stationär Behandelten ist der Anteil der Alleinstehenden insgesamt höher als im ambulanten Bereich. Am häufigsten in festen Beziehungen leben Personen mit der Primärdiagnose Glücksspielstörung (ambulant: 51 %, stationär: 44 %). Es folgen Personen mit alkoholbezogenen (ambulant: 48 %, stationär: 43 %) und Personen mit kokainbezogenen Störungen (ambulant: 49 %, stationär: 40 %). Im Vergleich zu Betroffenen anderer Diagnosegruppen ist der Anteil von jungen Cannabiskonsumenten, der in festen Beziehungen lebt, vergleichsweise gering (ambulant: 30 %, stationär: 29 %). Aufgrund des teilweise sehr jugendlichen Alters der Cannabiskonsumenten ist allerdings anzunehmen, dass zumindest ein Teil dieser Personen zwar nicht in fester Partnerschaft, aber in anderen festen sozialen Bezügen (z. B. bei den Eltern) wohnt. Brand et al. (2014) fiel darüber hinaus auf, dass der Anteil der Frauen, die angeben, in »zeitweiligen Beziehungen« zu leben, in allen suchtbezogenen Diagnosegruppen (außer bei der Glücksspielstörung) im stationären Bereich zum Teil deutlich höher ist als bei den Männern. Steppan et al. (2014) stellten außerdem fest, dass der Beziehungsstatus der untersuchten Klienten im Laufe der Jahre kaum relevante Veränderungen aufweist und damit relativ stabil bleibt.

3.3.2 Prävalenzraten zu Kindern von Personen mit Substanz- oder Verhaltenssüchten

Prävalenzen zu Kindern aus suchtbelasteten Familien beruhen häufig auf Schätzungen oder Hochrechnungen, wenn überhaupt Zahlen verfügbar sind. Die nationalen und internationalen Zahlen legen dennoch nahe, dass die Zahl der betroffenen Kinder und Jugendlichen hoch ist und es stärkerer präventiver Anstrengungen bedarf. Unterschiedliche Definitionen von Suchterkrankungen (z. B. bei Alkohol: Abhängigkeit, Missbrauch, riskanter Konsum oder Rauschtrinken) und Erhebungsmethoden führen zu heterogenen Fallzahlen. Mit hoher Wahrscheinlichkeit ist aufgrund konservativer Erhebungsmethoden von einer bedeutsamen Dunkelziffer und somit von einer noch höheren Gesamtzahl betroffener Kinder auszugehen.

Bereits Puxi und Kremer-Preiß (1998) fassten auf Basis von Literaturrecherchen substanzübergreifend zusammen, dass 16 bis 22 % aller Kinder und Jugendlichen (definiert als Personen unter 25 Jahren) in Deutschland in Familien mit Suchtproblematik (Alkohol oder Drogen) aufwachsen. Gomes de Matos et al. (2016) unterscheiden drei Gruppen von Kindern, die verschiedene Aspekte betonen und eine gemeinsame Schnittmenge haben:

1. eigene Kinder, unabhängig von Wohnort oder Alter,
2. im Haushalt lebende Kinder, unabhängig von Alter oder Elternschaft und
3. im Haushalt lebende Kinder unter 14 Jahren, unabhängig von der Elternschaft.

So schätzen sie, dass pro Person mit Substanzkonsumstörung 1,15 eigene Kinder in Deutschland betroffen sind. Dies entspricht einer Gesamtzahl von knapp 9 Mio. Kindern. Insgesamt sind pro abhängiger Person 0,73 im Haushalt lebende Kinder (5,9 Mio. Kinder) und 0,41 unter 14-Jährige im Haushalt lebende Kinder betroffen (3,3 Mio.).

Europaweite Schätzungen davon aus, dass zwischen 5 % und 30 % aller Kinder mit einem Elternteil zusammenleben, das entweder Rauschtrinken betreibt oder einen problematischen Alkoholkonsum aufweist (Olszweski et al. 2010). Oftmals publizierte Schätzungen für Deutschland gehen davon, dass insgesamt bis zu 2,65 Mio. Kinder und Jugendliche bis zum Alter von 18 Jahren mit mindestens einem Elternteil mit der Diagnose Alkoholmissbrauch oder Alkoholkonsumstörung wenigstens zeitweise zusammenleben (Klein et al. 2003; Klein 2008b). Späteren Schätzungen des European Monitoring Centre for Drugs and Drug Addiction (EMCDDA) (2008) zufolge sind in der Bundesrepublik Deutschland sogar 5–6 Mio. Kinder und Jugendliche unter 20 Jahren von einer elterlichen Alkoholkonsumstörung betroffen.

Aktuellere Schätzungen auf Basis der GEDA-Daten des Robert Koch Instituts (2016) besagen, dass 22 % der Elternteile, die mit mindestens einem minderjährigen Kind im Haushalt leben, einen riskanten Alkoholkonsum aufweisen. Regelmäßiges Rauschtrinken sei bei 14 % der Elternteile zu beobachten. Hochgerechnet entspricht dies etwa 3,8 Mio. Elternteilen mit riskantem Alkoholkonsum bzw. 2,4 Mio. Elternteilen mit regelmäßigem Rauschtrinken. Unter Einbezug der durchschnittlichen Kinderzahl in Deutschland wird geschätzt, dass in Deutschland bis zu 6,6 Mio. Kinder bei einem Elternteil mit riskantem Alkoholkonsum bzw. 4,2 Mio. Kinder bei einem Elternteil mit regelmäßigem Rauschtrinken leben. In den Schätzungen, die auf den

GEDA-Daten basieren, liegen die Werte unter anderem deswegen höher als in den Daten von Klein et al. (2003), da in der GEDA-Studie auch Eltern mit riskantem Alkoholkonsum und regelmäßigem Rauschtrinken erfasst wurden und nicht nur Eltern, die die Diagnosekriterien für einen schädlichen Gebrauch oder eine Alkoholkonsumstörung erfüllen. Aus den Ergebnissen der GEDA-Studie wird zudem deutlich, dass es sich bei der Mehrzahl der konsumierenden Elternteile um Väter handelt und dass riskanter Alkoholkonsum bzw. Rauschtrinken der Eltern vor allem in mittleren und höheren sozialen Statusgruppen verbreitet ist. Ein riskanter Alkoholkonsum zeigt sich außerdem insbesondere bei Eltern ab 40 Jahren und bei Eltern mit ausschließlich älteren Kindern im Haushalt.

Aussagekräftige Zahlen zu Kindern aus drogenbelasteten Familien sind in Deutschland kaum vorhanden, was auch mit der Schwierigkeit der Erhebung derart sensibler Daten im Dunkelfeld verbunden ist. Europaweit ist davon auszugehen, dass mindestens 60.000 Kinder mit einem Elternteil zusammenleben, der illegale Drogen konsumiert und sich deswegen in Behandlung befindet (Olszweski et al. 2010). Sehr viel mehr Kinder haben jedoch einen Elternteil mit einer Drogenkonsumstörung, der sich nicht in Behandlung befindet. In Großbritannien gehen Manning, Best, Faulkner und Titherington (2009) von insgesamt etwa 1 Mio. Kindern aus, die mit einem Erwachsenen zusammenleben, der im letzten Jahr illegale Drogen konsumiert hat. Das National Survey on Drug Use and Health (NSDUH) berichtet über die Situation von Kindern aus drogenbelasteten Familien in den USA (Child Welfare Information Gateway 2014). Aus den Daten der Erhebungswelle in den Jahren 2002–2007 wurde deutlich, dass insgesamt 8,3 Mio. Kinder unter 18 Jahren von einem elterlichen Substanzmissbrauch oder einer -abhängigkeit betroffen waren. Davon lebten etwa 2,2 Mio. Kinder mit einem Elternteil zusammen, der illegale Drogen missbrauchte oder von ihnen abhängig war. Mehr als 400.000 Neugeborene (d.h. 10% aller Geburten) waren einem mütterlichen Substanzgebrauch ausgesetzt. Aus den Daten der NSDUH-Erhebungswelle in den Jahren 2011–2012 lässt sich erschließen, dass etwa

5,9 % aller schwangeren Frauen zwischen 15 und 44 Jahren in den USA illegale Drogen konsumiert hatten.

Aktuellere Zahlen zu Kindern aus suchtbelasteten Familien stammen aus dem ESA 2018 (Kraus et al. 2021). Diesem zufolge lebten in Deutschland im Jahr 2018 13.597.428 Kinder unter 18 Jahren. Von diesen lebten schätzungsweise 6,9–12,3 % (935.522–1.673.103) in Haushalten, in denen mindestens ein Erwachsener eine Tabakkonsumstörung hatte, 5,1–9,2 % (688.111–1.257.345) in Haushalten, in denen mindestens ein Erwachsener eine Alkoholkonsumstörung hatte, und 0,6–1,2 % (87.817–158.401) in Haushalten, in denen mindestens ein Erwachsener eine Störung im Zusammenhang mit dem Konsum illegaler Drogen hatte. Die Gesamtzahl der Kinder, die derzeit mit einem Erwachsenen mit einer Substanzkonsumstörung in ihrem Haushalt leben, wurde auf 11,2–20,2 % (1.521.495–2.751.796) geschätzt. Verlässliche Zahlen über Kinder, deren Eltern von Cannabis oder illegalen Drogen wie Meth-(Amphetamin), NPS oder verschreibungspflichtige Medikamente abhängig sind, liegen in Deutschland bislang nicht vor.

Ebenfalls wenig befriedigend ist bislang die Datenlage in Bezug auf Störungen durch Verhaltenssüchte. Auf Basis der Jahresstatistiken der Beratungs- und Behandlungsstellen für Suchtkranke (EBIS) wird von etwa 48.000 bis 84.000 Kindern ausgegangen, die mit einer Person mit Glücksspielstörung zusammenleben (Zobel 2008). Kellermann (2005) berichtet auf Basis klinischer Beobachtungen, dass etwa ein Viertel bis ein Drittel der Personen mit Glücksspielstörung minderjährige Kinder hat. Darbyshire et al. (2001) rechnen bei 237 Personen mit Glücksspielstörung mit rund 142 betroffenen Kinder unter 15 Jahren, was einem Faktor in Höhe von 0,6 Kindern pro betroffener Person entspricht. In einer Klinikstichprobe von 450 Personen mit Glücksspielstörung (Bachmann et al. 2004) waren die Betroffenen in 98 % der Fälle männlich mit einem Durchschnittsalter von 30 Jahren. Der überwiegende Teil (61,8 %) war ledig, aber 26 % waren verheiratet, 12,2 % geschieden und über 26 % der Betroffenen hatten ein oder mehrere Kinder. Es ist davon auszugehen, dass etwa ein Fünftel der sich in der Klinik befindlichen Betroffenen in Familien mit Kindern

3.3 Prävalenzen zu Angehörigen von Menschen mit Suchterkrankungen

lebt (Meyer und Bachmann 2011). Aus einer australischen Studie (Rickwood et al. 2010) geht hervor, dass »Individuals with fathers with problem gambling were 10.7 to 13.5 times more likely, and those with mothers with problem gambling were 6.7 to 10.6 times more likely, to display problem gambling behaviour than their peers« (S. 9). Weiter heißt es dort: »The gambling behavior of family members, particularly fathers, is an important risk factor for the development of gambling problems. [...] Up to 10 per cent of individuals are raised in families with a problem gambling family member (parents or siblings)«.

Genaue Zahlen über Kinder von Eltern, die unter anderen Störungen durch Verhaltenssüchte leiden, wie z.B. Computerspielsucht oder Shopping-Störung, liegen in Deutschland nicht vor, was vermutlich erneut damit zusammenhängt, dass derart sensible Daten über diese sehr spezifischen Subgruppen schwierig zu erfassen sind. Eine Shopping-Störung scheint jedoch weitgehend unabhängig von einer Reihe soziodemographischer Variablen bestehen zu können, wie Einkommensstruktur, Bildungs- oder Familienstand und Partnerschaft (Müller et al.2010). Dies deutet darauf hin, dass Ehepaare mit oder ohne Kinder tendenziell genauso betroffen sein können wie Ledige. Das Risiko, eine Shopping-Störung aufzuweisen, ist jedoch bei jungen Erwachsenen am höchsten. Es ist jedoch anzunehmen, dass Kinder von Eltern durch Störung von Verhaltenssüchten auch unter erheblichem Alltagsstress leiden, die Problematik ihrer Eltern meist nicht verstehen können und auch gefährdet sind, sich durch Modelllernen ähnliche Konfliktlösungsmuster wie ihre Eltern anzueignen.

Zu anderen Gruppen von Angehörigen von Menschen mit Abhängigkeitserkrankungen liegen in der wissenschaftlichen Literatur keine empirischen Daten und damit auch keine Prävalenzen vor. Scheinbar ist die Thematik in diesen Bereichen generell und in Bezug auf betroffene Angehörige noch wenig in Forschung und Praxis präsent. Entsprechende Zahlen können lediglich aus den Statistiken über Menschen mit Suchterkrankungen, unter Berücksichtigung der Tatsache, dass die Mehrheit der Betroffenen mindestens einen Elternteil hat, abgeleitet werden. Eine ähnliche Datenlage besteht für andere Verwandte von Menschen mit Suchterkrankungen, z.B. Geschwister oder enge Freunde sowie nahestehende Kollegen und Vorgesetzte. Fakt ist jedoch, dass nahezu jede Person im näheren Umfeld Angehörige besitzt und dass die Zahl der Angehörigen von Menschen mit Suchterkrankung weitaus größer ist als die Zahl der Menschen mit Suchterkrankung selbst.

4 Lebenssituation von Angehörigen von Menschen mit Suchterkrankungen

Die Forschungslage zu den Lebenswelten und Belastungen von Angehörigen von Menschen mit Suchterkrankungen und den Konsequenzen der Belastungen erweist sich als äußerst heterogen. So existiert beispielsweise eine große Vielfalt an Studien, die sich mit den Lebenswelten von *Kindern aus suchtbelasteten Familien* beschäftigt haben. Darüber hinaus gibt es einige, oft qualitative Studien über *Ehe- oder Lebenspartner* von Menschen mit Suchterkrankungen. Zur Situation von *Eltern von Kindern* mit Suchterkrankungen hingegen bestehen vergleichsweise wenig empirische Befunde. Ebenso liegen kaum sichere Daten für andere Angehörigengruppen vor, wie z.B. Geschwister, Freunde, Kollegen oder Vorgesetzte. Dies führt dazu, dass die folgenden Ausführungen über mögliche Belastungen und Konsequenzen für einige Angehörigengruppen sehr detailliert beschrieben werden können, aber kaum Erläuterungen für andere der genannten Untergruppen vorhanden sind. *Im Zentrum stehen daher im Folgenden überwiegend Partnerinnen und Kinder von Substanzabhängigen.*

Die Arbeiten von Orford et al. (2005) zielten darauf ab, das Erleben von Angehörigen von Menschen mit Alkoholkonsumstörung und anderen Substanzgebrauchsstörungen in England, Mexiko und Australien zu analysieren. Ausgehend von der Beobachtung, dass ein Großteil der vorhandenen, ohnehin spärlich bestehenden Forschung auf weibliche Angehörige von Alkoholabhängigen fokussierte, weiteten sie ihr Untersuchungsspektrum auf andere Substanzen aus. Übergreifend über alle Substanzgebrauchsstörungen, Angehörigengruppen und die untersuchten Kulturkreise beschreiben sie vier miteinander verwobene Erlebensfacetten: *Erstens* ist das Zusammenleben mit einem engen Verwandten, der in hohem Ausmaß Alkohol oder illegale Substanzen konsumiert, in hohem Maße belastend. So ist die Beziehung zur betroffenen Person potenziell von einer maladaptiven Kommunikation, verbaler oder physischer Gewalt, reduzierten positiven Affekten und Vertrauensverlust geprägt. Grenzüberschreitendes Verhalten des Betroffenen, wie Diebstahl inner- oder außerhalb der Familie, oder ständiges Bitten um Geld sind genauso relevant wie Unsicherheiten um den Verbleib oder die Stimmung der betreffenden Person. *Zweitens* sorgen sich die Familienmitglieder um den Betroffenen in Hinblick auf seine physische oder mentale Gesundheit oder darum, dass er sich selbst und andere in Folge seines Substanzkonsums vernachlässigt oder schädigt. Dies kann finanzielle oder gesundheitliche Aspekte umschließen oder Sorge um Personen, die unter der Obhut des Abhängigen stehen. Die einzelnen Angehörigen können sich nicht nur auf Individualebene durch die Person mit Suchterkrankung belastet fühlen, sondern die Familie und das Zuhause werden als Systeme von der betroffenen Person insgesamt beeinflusst. *Drittens* sind systemische Auswirkungen zu berücksichtigen, wie Verarmung oder Verschuldung, aber auch Marginalisierung und Stigmatisierung, also Konsequenzen, die offensichtlich die Familie als Ganzes betreffen. Diese Prozesse scheinen weitgehend kulturübergreifend bei Suchterkrankungen aufzutreten. Zudem sprechen Angehörige von Menschen mit Suchterkrankungen davon, dass die »Atmosphäre« zuhause schlecht sei oder die Stimmung getrübt oder aggressiv. Vor allem die Sorgen um Kinder, wenn vorhanden, oder jüngere Geschwister des Abhängigen waren genannte Hauptthemen in der Studie. Dies betraf die aktuelle Situation (Erziehungsverhalten, Sicherheit, Gefahrenexposition), aber auch eine mögliche Transmission der Suchterkrankung, also die Angst vor psychischen Störungen bei den betroffenen Kindern. Schließlich und *viertens*, können Angehörige mit Wut, Hilflosigkeit, Trauer oder Schuld auf die Suchterkrankung des Betroffenen reagieren. *Es überwiegen bei den Betroffenen also oft negative, intensive Emotionen, die in der Folge zu einem chronisch negativen Affektzustand führen können.*

4 Lebenssituation von Angehörigen von Menschen mit Suchterkrankungen

> **Merke**
> Angehörige von Menschen mit Suchterkrankungen leiden oft unter der chronisch belasteten Familienatmosphäre und können infolgedessen von langanhaltenden negativen, intensiven Emotionen betroffen sein.

Zusammenfassend ist zu konstatieren, dass die Rolle von Angehörigen komplex und mehrdimensional und keinesfalls in einfache Begriffe wie »Opfer«, »Sorgender« oder »Pflegender« subsummierbar ist. Vielmehr erscheint ihre Lebenssituation von multiplen sozialen und psychischen Belastungen betroffen zu sein, die chronisch auftreten können und auf Dauer schwer zu bewältigen sind.

Es ist einerseits davon auszugehen, dass nahezu alle Angehörigen von Menschen mit Suchterkrankungen ähnliche Problemsituationen und Herausforderungen mit der betroffenen Person erleben, wie z. B. Unzuverlässigkeit oder Unvorhersehbarkeiten im Verhalten. Dadurch können über alle Angehörigengruppen hinweg Gefühle der Enttäuschung, Angst, Frustration oder Hilf- und Machtlosigkeit hervorgerufen werden. Andererseits ist aufgrund der Heterogenität der Zielgruppe der Angehörigen im Hinblick auf ihre unterschiedlichen Charakteristika davon auszugehen, dass bei den Belastungen und konkreten Unterstützungsbedarfen auch differenziert werden kann bzw. sogar muss. Zudem ist auch bei Angehörigen von heterogenen Stressbewältigungskompetenzen und Resilienzen auszugehen. Dies bedeutet beispielsweise, dass je nach Angehörigenstatus (z. B. Kind oder Partner) und je nach Bewältigungskompetenzen und Resilienzen des Angehörigen sowie je nach Art und Wirkspektrum der von der betroffenen Person konsumierten Substanz (z. B. Opiate oder Stimulantien) sowie je nach Frequenz und Dauer des Konsums durch die betroffene Person (z. B. eher exzessiver, unkontrollierter vs. dauerhafter, eher stetiger Konsum) von unterschiedlichen Belastungsmomenten und damit auch von unterschiedlichen Konsequenzen ausgegangen werden muss. So fehlen beispielsweise bei Menschen mit

Glücksspielstörung bei einem Versuch der Abstinenz körperliche Entzugssymptome, die wiederum bei Alkohol- und Opiatabhängigen massiv vorhanden sein können und damit auch das Zusammenleben mit anderen beeinträchtigen können (Alavi et al. 2012).

In einem Übersichtsartikel von Schmidt (2007) werden jene Unterschiede beschrieben, die bei Angehörigen von Menschen mit Störungen durch Substanzgebrauch oder Verhaltenssüchten im Rahmen eines Unterstützungsprogramms für Angehörige beobachtet werden konnten. In Bezug auf das Verwandtschaftsverhältnis kommen bei Menschen mit Alkoholkonsum- und Glücksspielstörung vor allem Ehe- oder Lebenspartner, aber auch Eltern, Kinder und Geschwister in Beratung. Im Unterschied dazu suchen bei Personen mit Internetnutzungsstörung zumeist Eltern Unterstützung, manchmal auch Geschwister. Auch bei Cannabiskonsumenten sind es meist die Eltern, die als Angehörige zuerst eine Beratung aufsuchen. Dies überrascht nicht, da beide Verhaltensweisen – exzessiver Internetkonsum und Cannabiskonsum – typische Phänomene des Jugendalters sind. Bei den meisten Personen mit Internetnutzungsstörung handelt es sich um männliche Jugendliche, insoweit Online-Spiele betroffen sind. Bei den Angehörigen von Menschen mit Drogenkonsumstörung sind es häufig die Eltern, Großeltern oder Geschwister, die eine Beratung besuchen. Ehe- oder Lebenspartner kamen eher selten in das untersuchte Angehörigenprogramm, entweder weil junge Menschen mit Drogenkonsumstörung häufig nicht in festen Partnerschaften leben oder Personen mit Drogenkonsumstörung oft Partner haben, die selbst eine Drogenkonsumstörung aufweisen und daher nicht in der Angehörigenberatung Hilfe suchen, sondern sich selbst in Suchtberatung oder -behandlung befinden.

Hinsichtlich der von den Angehörigen als belastend erlebten Themen zeigten sich erwartungsgemäß Unterschiede: Bei Menschen mit Alkohol- und Medikamentenabhängigkeit spielen die Sorge um die Gesundheit der betroffenen Person sowie die durch die Suchterkrankung entstehenden sozialen Probleme eine zentrale Rolle (Klein 2008b). Für Angehörige von Menschen, die illegale Substanzen konsumieren, stellen gerade die Illegalität und damit einhergehende juristische Probleme eine besondere Herausforderung dar. Darüber hinaus steht auch hier die Sorge um die Gesundheit der Person mit Drogenkonsumstörung im Fokus, insbesondere in Bezug auf HIV- oder Hepatitis-Infektionen, sowie ganz allgemein die Besorgnis um die soziale Situation des Betroffenen. Angst vor häuslicher Gewalt wird selten thematisiert, ist aber als ein Gegenstand zu betrachten, der aus Scham häufig verschwiegen wird. Insbesondere Partnerinnen klagen zudem oftmals über emotionale Vernachlässigung und Abwertung durch den Partner mit Substanzkonsumstörung.

Diese Herausforderungen scheinen bei Angehörigen von Menschen mit Glücksspielstörung eine eher untergeordnete Rolle zu spielen. Hier wird eher als Belastung genannt, dass Personen mit Glücksspielstörung häufig eine hohe manipulative Kompetenz besitzen, d.h. sie erhalten durch besondere Zuwendung zu ihren Bezugspersonen immer wieder deren Unterstützung, sowohl emotional als auch finanziell. Bei Menschen mit Glücksspielstörung stehen zudem eher existenzielle Probleme, wie Verschuldung und Verarmung, im Vordergrund, die auch die Angehörigen dramatisch betreffen können.

Bei den Angehörigen von Personen mit Internetnutzungsstörung ist es in erster Linie die Sorge um die Ausbildungssituation und berufliche Zukunft des Betroffenen, die die Angehörigen als belastend erleben. Selbstaussagen von Teilnehmern einer Telefoninterviewstudie mit 2.513 Erwachsenen in den USA lassen einen erheblichen Leidensdruck auch bei den Angehörigen vermuten, deren betroffene Bezugspersonen ihre Ausbildung bereits abgeschlossen haben und/ oder im Berufsleben stehen (Aboujaoude et al. 2006). So berichteten 5,9 % der Gesamtstichprobe, dass ihre sozialen Beziehungen aufgrund exzessiver Internetnutzung leiden, 8,7 % versuchen aus Scham- und Schuldgefühlen nicht notwendige Internetnutzung zu verbergen. Eine Internetnutzungsstörung wirkt sich meist auf die schulischen Leistungen aus und wird häufig erst durch den Leistungsabfall entdeckt.

Im Folgenden werden Studien beschrieben, welche die besonderen Belastungen für bestimmte Angehörigengruppen untersucht haben.

4.1 Partner von Menschen mit Suchterkrankungen

Orford et al. (2010) analysierten in einer umfangreichen Übersichtsarbeit Ergebnisse der qualitativen Forschung mit Angehörigen von suchtkranken Menschen aus den letzten 20 Jahren. Ihr Review beinhaltete Studien mit insbesondere weiblichen Ehe- oder Lebenspartnern oder Müttern als die am häufigsten untersuchten Zielgruppen, aber auch Untersuchungen mit männlichen Ehe- oder Lebenspartnern, Väter, Geschwistern oder erwachsenen Kindern von Menschen mit Suchterkrankung. Ein wesentlicher Bestandteil ihrer Arbeit bestand in der Erfassung von Stressoren, die alle Gruppen von Angehörigen, vor allem aber Ehe- und Lebenspartner, erleben können. Im Rahmen dieser Analyse konnten folgende Belastungen identifiziert werden:

- *Dauerhaft konfliktbelastete oder gewalttätige Beziehungen*, die verschiedene Formen annehmen können. In einigen Fällen zog sich die Person mit Suchterkrankung weitestgehend aus dem Familienleben zurück. Oft berichtet wurden unerklärbare Stimmungswechsel. Körperliche Gewalt war zwar nicht durchgängig verbreitet, aber Formen psychischer Gewalt wurden häufig berichtet, wie z.B. stark erhöhte Reizbarkeit, verbale Aggressionen sowie Kritik- und Dominanzverhalten. In Fällen körperlicher Gewalt erlebten die Angehörigen neben der Zerstörung von Mobiliar und anderen Gegenständen auch gegen sie gerichtete Bedrohungen, Stöße und Schläge. Diese direkte Form der Gewalt wurde häufig begleitet von Betrug und Lügen. In einigen Fällen machten die betroffenen Personen falsche Anschuldigungen gegenüber ihren Angehörigen. *Auseinandersetzungen wegen Geld und Besitz sowie andere finanzielle Probleme:* Die befragten Angehörigen beschrieben eine Vielzahl an Situationen, in denen Streitigkeiten über Geld entstanden. Hierzu gehörte beispielsweise das Weiterverkaufen von Geschenken, die die betroffene Person von Angehörigen erhalten hatte, Geld aus der Haushaltskasse oder der Geldbörse des Angehörigen »leihen« ohne zu fragen, das Versetzen von Gegenständen, die einen materiellen oder emotionalen Wert für den Angehörigen besitzen, das Aussetzen der Miete oder anderer Zahlungsverpflichtungen ohne Rücksprache oder das Einbehalten des Haushaltsgeldes. Zudem wurde oftmals berichtet, dass sich die Angehörigen unter Druck gesetzt fühlten, der betroffenen Geld zu geben oder zu leihen. Die entsprechende Anfrage der betroffenen Person ging häufig einher mit Anschuldigungen, Vorwürfen, Bedrohungen, Belästigungen oder einer Gewalthandlung, sodass es aus der Perspektive der Angehörigen keine andere Wahl gab als der betroffenen Person das Geld zu geben. *Erleben wiederkehrender Unsicherheit und Unberechenbarkeit:* Eine Vielzahl der befragten Angehörigen berichtete, häufig nicht in Kenntnis darüber zu sein, ob und wann und in welchem Zustand die betroffene Person nach Hause kommen würde (Orford et al. 2010). Oft wurde der Betroffene auch nicht zuhause angetroffen, obwohl dies zuvor abgesprochen worden war. Grundsätzlich erlebten es die Angehörigen als große Belastung, nicht zu wissen, wie genau das Konsumverhalten und das Ausmaß der Suchterkrankung aussah, warum bestimmte Ereignisse eintraten, wer dafür verantwortlich war und ob sich die Situation jemals verbessern würde. *Sorgen um die Gesundheit der Person mit Suchterkrankung:* Sorgen um die betroffene Person betrachteten die Angehörigen als einen der zentralen Stressoren. Die Sorgen bezogen sich nicht nur auf die Häufigkeit, Menge oder Form des Substanzkonsums und den sozialen Umgang, den die betroffene Person pflegt, sondern vor allem auf die psychische und physische Gesundheit des Betroffenen, seine Finanzen, Sicherheit, Vernachlässigung der eigenen Person oder die schulische und berufliche Zukunft. *Sorge um das Wohl der Kinder und das Heim:* Nicht nur die persönliche Beziehung zur betroffenen Person selbst erachteten die Angehörigen als kritisch, sondern auch das familiäre Zusammenleben insgesamt. Diese Ängste hängen zum einen mit der oftmals prekären finanziellen Situation zusammen, in der sich Angehörige von Menschen mit Suchterkrankungen befinden. Zum anderen hat die Suchterkrankung in der Regel negative Auswirkungen auf die gesamte Familienatmosphäre. In einigen Fällen gab es innerhalb der Familie Unstimmigkeiten, wie mit der betroffenen Person umzugehen sei, andere berichteten von großen Loyalitätskonflikten und der Notwendigkeit, Streitigkeiten zwischen anderen Familienmitgliedern und der betroffenen Person zu schlichten. Die größte Sorge bezog sich allerdings auf das Wohl der Kinder. Angehörige sorgten sich darum, dass die Kinder Gewalt oder Vernachlässigung erleben, dabei Augenzeugen oder selbst Betroffene würden und dass die Erziehung und Entwicklung der Kinder insgesamt durch die Suchterkrankung beeinträchtigt würde. Daneben sahen die Angehörigen die Unversehrtheit und Sicherheit des eigenen Zuhauses in Gefahr, z. B. durch eine Vernachlässigung des Wohnraums (z. B. in Form von mangelnder Hygiene) oder eine Zerstörung des Interieurs durch die betroffene Person oder mitgebrachte Fremde. Im Bereich der illegalen Drogen wurden Utensilien zur Aufbereitung der Substanz liegen gelassen, zum Teil in Reichweite der Kinder. Lärmbelästigung durch die betroffene Person entstand häufig, wenn diese spät abends intoxikiert nach Hause kam. Dadurch entstanden auch Streitigkeiten mit Nachbarn und Vermietern. Unerwünschte Besucher in Form anderer Menschen mit Suchterkrankung oder dubiose Anrufe wurden ebenfalls als Problem berichtet. Zuletzt wurden auch als unangenehm empfundene Kontakte mit der Polizei als Belastung benannt.

- *Einschränkung der sozialen Kontakte und der Freizeitgestaltung:* Das Sozialleben von Angehörigen von Menschen mit Suchterkrankung ist häufig eingeschränkt. Einfache Ausflüge oder das Empfangen von Besuch wurden von den Angehörigen oft vermieden, da sie Bedenken bezüglich des Verhaltens der betroffenen abhängigen Person hegten und Kritik durch Dritte und damit einhergehende Schamgefühle fürchteten. Andere äußerten das Gefühl, die betroffene Person nicht zu lange allein lassen zu dürfen, da ihr oder den Kindern etwas in ihrer Abwesenheit zustoßen könnte. Dadurch entstand oft eine als unerwünscht erlebte soziale Isolation und Vereinsamung.

> **Merke**
> Belastungen von Angehörigen von Personen mit Suchterkrankung hängen vor allem mit dauernder Sorge, Schamgefühlen, finanziellen Problemen, sozialer Isolation, Gewalt, dauernden familialen Konflikten und Gesundheitsproblemen zusammen.

4.1.1 Partner von Menschen mit Störungen durch Substanzgebrauch

Mudaar et al. (2001) erhoben Daten zu Substanzgebrauch und Ehezufriedenheit bei 642 neu verheirateten Partnern in erster Ehe. Grundsätzlich berichten Ehefrauen und -männer aus Ehen, in denen nur einer der Partner eine Substanzkonsumstörung aufwies, von einer geringeren Zufriedenheit mit der Ehe als Paare, bei denen kein Partner betroffen war. Für Ehen, in denen beide Partner eine Suchterkrankung hatten, zeigte sich keine Interaktion zwischen Ehezufriedenheit und dem erfassten Zigaretten- oder Alkoholkonsum. Dies überrascht wenig, da in solchen Fällen eher davon auszugehen ist, dass beide Partner über ähnliche Einstellungen und Haltungen zum Substanzkonsum und partnerschaftlichem Verhalten verfügen. Die Autoren gehen davon aus, dass vor allem Unterschiede im Substanzkonsum die Ehezufriedenheit negativ beeinflussen, d.h. je unterschiedlicher die beiden Partner hinsichtlich Mengen, Formen und bevorzugten Substanzen konsumieren, desto geringer ist die partnerschaftliche Zufriedenheit.

Ein bekanntes Phänomen in Partnerschaften, bei denen eine Person unter einer Abhängigkeitsstörung leidet, ist das Konzept der sog. Problemmaximierung, welches die Forderung nach Paartherapie weiter untermauert. Husaart et al. (2011) untersuchten 32 Dyaden (je eine Person mit Suchterkrankung und ein Angehöriger ersten Grades), die über ein Programm zur Suchtbehandlung rekrutiert worden waren. Die Dyaden bestanden größtenteils aus erwachsenen Patienten und ihren Partnern bzw. jugendlichen Patienten und einem Erziehungsberechtigtem, meist einem Elternteil. Erstere waren vor allem aufgrund ihres Alkoholkonsums Teilnehmer des Programms, letztere wegen nicht genauer spezifizierten Gebrauchs illegaler Substanzen. Familienmitglieder berichteten im Durchschnitt, dass vier Bezugspersonen des Betroffenen durch Probleme, die im Zusammenhang mit der Suchterkrankung standen, belastet waren. Demgegenüber berichteten die betroffenen Personen, dass durchschnittlich weniger als drei Personen durch ihren Alkohol- oder Substanzgebrauch negativ beeinflusst waren. Übereinstimmend waren die Angehörigen insgesamt weniger zufrieden mit der Beziehung zur betroffenen Person und bewerteten die Folgen der Suchterkrankung negativer als die Betroffenen selbst. Diese Ergebnisse unterstützen das Konzept der Problemmaximierung zu Lasten der Angehörigen, nachdem Betroffene den Einfluss ihres ungünstigen Verhaltens »minimieren«, während Angehörige ihn eher »maximieren« und sich dadurch Wahrnehmungsdisparitäten und -diskrepanzen ergeben. Bezogen auf Lebenszufriedenheit sowie physische und psychische Belastung schildern Angehörige und Betroffene allerdings ähnliche Einbußen. Dies deckt sich mit Befunden zu Partnern und anderen Familienmitgliedern von Opiatabhängigen (Collins et al. 2009).

Vaishnavi, Karthik, Balakrishnan und Sathianathan (2017) untersuchten in ihrer Studie mit 200 männlichen Patienten mit Alkoholkonsumstörung, inwiefern das Ausmaß der subjektiven und objektiven Belastung der Angehörigen mit der Schwere der Abhängigkeit des Ehemannes zusammenhängt. 90 % der inkludierten Angehörigen waren Frauen, davon 75 % Ehefrauen. 32 % waren Eltern der betroffenen Person. Das Ausmaß der Belastung der Angehörigen wurde mit dem Family Burden Intervention Schedule (FBIS) erfasst. Die FBIS ist ein Messinstrument mit 20 Items, die die Belastungen in sechs Domänen erheben: finanzielle Belastung, Störung in familiärer Routine, Störung der Freizeit der Familie, Störung der Interaktionen in der

Familie, Effekte der physischen Gesundheit sowie Effekte der psychischen Gesundheit auf andere. Darüber hinaus erhebt ein Item die subjektive Belastung über alle Domänen hinweg. Der Gesamt-Score der sechs Domänen wird als objektive Belastung bezeichnet. Ein Großteil der Angehörigen beschrieb ihre subjektive Belastung als moderat (36,5 %) oder stark (58 %). Es bestand eine signifikante Korrelation zwischen dem Ausmaß der Abhängigkeit und der objektiven Belastung der Angehörigen. Signifikante Korrelationen finden sich für alle Domänen der FBIS, am stärksten war sie aber für die finanzielle Belastung.

Heinz et al. (2009) erhoben zwischen den Jahren 2000 und 2006 in mehreren Längsschnittuntersuchungen über einen Zeitraum von jeweils 35 Wochen den Verlauf von Substanzgebrauch als Funktion von Ehestatus und wahrgenommener Ehequalität bei 653 heroin- oder kokainabhängigen Personen, die sich in einer ambulanten Methadonbehandlung befanden. Obwohl verheiratete Individuen über die gesamte Behandlungsdauer hinweg weniger Heroin oder Kokain konsumierten, korreliert vor allem eine gute Beziehungsqualität in der Ehe mit geringem Substanzgebrauch.

Ein umfassendes Review von Calhoun et al. (2015) verdeutlichte zudem, dass insbesondere im Kontext illegaler Drogen eine Inhaftierung des Partners mit Suchterkrankung eine Gefährdung der Lebenssituation des nicht inhaftierten Partners sein kann. Selbst wenn eine Inhaftierung eine (räumliche) Trennung von einem gewalttätigen oder missbrauchenden Partner mit sich bringt und damit für den Angehörigen eine Erleichterung darstellen kann, so können doch auch häufig Problematiken wie z. B. finanzielle Not durch das Ausbleiben eines Haushaltseinkommens auftreten. Auch nach Beendigung der Haftstrafe haben die ehemals Inhaftierten Schwierigkeiten, auf dem Arbeitsmarkt Fuß zu fassen und sind zudem potenziell einer Stigmatisierung durch andere ausgesetzt, welche auch für den Partner zu spüren sein kann.

4.1.2 Partner von Menschen mit Störungen durch Verhaltenssüchte

Auseinandersetzungen wegen Geld und Besitz sowie andere finanzielle Probleme betreffen Angehörige von Menschen mit Glücksspielstörung in besonderem Maße. Eine Glücksspielstörung ist eine besonders kostspielige Störung, denn Betroffene benötigen zur Finanzierung ihrer Abhängigkeit hohe Geldsummen, die ihre finanziellen Ressourcen in der Regel weit übersteigen (Kellermann 2005). So ist die Verschuldung von Menschen mit Glücksspielstörung oft weit höher als die von Menschen mit anderen Suchterkrankungen. Meyer (2015) zufolge beträgt die Verschuldung bei 16,6 % der betroffenen Personen mehr als 25.000 €, während dies nur bei 4,4 % der Personen mit Alkoholkonsumstörung und bei 8,1 % der Personen mit Kokainkonsumstörung zutrifft. Der Anteil jener Personen mit Glücksspielstörung, die keine Schulden haben, ist mit 32,5 % vergleichsweise gering (im Vergleich zur Alkoholkonsumstörung: 74 %). Dies kann in signifikante Armut und Verschuldung führen – mit teils weitreichenden Konsequenzen auch für die Familie des Betroffenen.

Eine Pionierstudie auf dem Gebiet der familiären Belastungen bei einer Glücksspielstörung stellten Lorenz und Shuttlesworth (1983) bereit, die insbesondere auf die Situation von Ehefrauen von Betroffenen fokussiert. Die Studienteilnehmerinnen berichteten in 60 % der Fälle, dass ihnen zum Zeitpunkt der Eheschließung das Spielverhalten ihres Partners zwar bekannt war, nicht aber das Ausmaß und die Schwere des Problems. Spätestens jedoch nach zwei Ehejahren waren sich 80 % darüber bewusst, wie massiv die Probleme ihres Ehemannes waren. In 43 % der Fälle kam es zu emotionalen, verbalen und/oder physischen Misshandlungen. Über die Hälfte der Frauen berichtete, dass die Betroffenen in der aktiven Zeit des Glücksspiels das Interesse an Sexualität verloren hatten. Obwohl 78 % der Frauen ihrem Partner mit Trennung oder Scheidung drohten, blieben 94 % der Studienteilnehmerinnen mit dem betroffenen Partner zusammen und hielten das Familienleben damit aufrecht, u.a. aus Angst vor dem Alleinsein und Angst um den Betroffenen

(58 %), zum Wohle der Kinder (52 %), aus Liebe oder Zuneigung (48 %) oder aufgrund der Hoffnung, der Betroffene schaffe es, abstinent zu werden (48 %). In den Augen der Ehefrauen waren die betroffenen Ehemänner trotzdem »Lügner« (93 %), verantwortungslos (89 %), unkommunikativ (88 %), unsicher (82 %) und impulsiv (80 %). Alle Frauen waren sich darüber einig, dass der Betroffene die Kontrolle über sein Spielverhalten verloren hatte und psychisch krank sei. Fast alle Frauen berichteten von erheblichen finanziellen Problemen durch das Spielverhalten, wobei ein großer Teil der Frauen dabei eigene Ersparnisse verlor und Schulden für den Betroffenen machte. Zwar waren 80 % der Frauen der Auffassung, dass dem Partner der freie Zugang zum Familieneinkommen versperrt werden sollte, aber lediglich 47 % praktizierten diese Regel.

Merke
Störungen durch Substanzgebrauch und Verhaltenssüchte belasten Partnerschaften dauerhaft, führen zu mehr Stress, negativen Gefühlen und Instabilität. Dennoch halten vor allem Partnerinnen oft sehr lange an der Beziehung zu ihrem betroffenen Partner fest.

4.2 Kinder aus suchtbelasteten Familien

Die Forschungslage zu Kindern aus suchtbelasteten Familien ist im Vergleich zu anderen Angehörigengruppen am besten dokumentiert (siehe z. B. Klein 2008b, Klein et al. 2013, Moesgen 2014, Zobel 2006). Die meisten Forschungsergebnisse stammen dabei aus dem Kontext der familiären Alkoholbelastung. Dies hängt wahrscheinlich damit zusammen, dass zum einen aufgrund der hohen Prävalenzen alkoholbezogener Störungen eine größere Relevanz besteht. Eine andere mögliche Erklärung ist, dass alkoholbezogene Störungen im Vergleich zu Abhängigkeiten von illegalen Drogen insgesamt weniger tabuisiert und stigmatisiert werden und entsprechende Daten einfacher zu erheben sind. Insgesamt wird aus der Datenlage deutlich, dass Kinder in suchtbelasteten Familien einem erhöhten Ausmaß innerfamilialen psychischen Stresses exponiert sind, welcher im ungünstigen Fall chronisch wird.

4.2.1 Psychosoziale Risiken

Aus unterschiedlichen, teils sehr umfassenden Studien wird deutlich, dass verschiedene psychosoziale Belastungen existieren, denen Kinder aus suchtbelasteten Familien – zunächst unabhängig von der Art bzw. des Wirkspektrums der konsumierten Substanz – exponiert sind. So wurde zum einen deutlich, dass sozioökonomische Benachteiligungen zu den typischen Stressoren für Kinder und Jugendliche aus suchtbelasteten Familien gehören, da die materiellen und finanziellen Bedingungen in betroffenen Familien oftmals schlechter sind als in unbelasteten Familien, teilweise als Konsequenz des elterlichen Suchtproblems (Hussong et al. 2008).

Zum anderen gehören typische, substanzübergreifende Charakteristika einer Suchterkrankung (vgl. diagnostische Kriterien nach DSM oder ICD), wie z.B. Entzugserscheinungen, ein anhaltender Substanzgebrauch trotz negativer Konsequenzen gesundheitlicher, psychischer oder sozialer Art sowie eine Einengung des Verhaltens und Erlebens des Elternteils auf den Substanzgebrauch und eine damit verbundene Vernachlässigung anderer Aktivitäten oder Verpflichtungen zu den typischen Stressoren, nicht nur für die Betroffenen selbst, sondern auch für ihre Kinder. Auch das immer wieder auftretende Verlangen (Craving) nach der Substanz, von der der Elternteil abhängig ist, kann das Verhalten gegenüber einem Kind stark negativ beeinflussen, indem dem Craving Priorität vor den Belangen des Kindes eingeräumt wird. Alle diese Symptome können zu einer Vernachlässigung der Versorgung des Kindes führen: So ist es möglich, dass Betroffene zum einen materielle Grundbedürfnisse, wie warme Mahlzeiten oder adäquate Kleidung für das Kind, nicht in

4.2 Kinder aus suchtbelasteten Familien

ausreichendem Maße erfüllen, aber auch emotionale Grundbedürfnisse wie Zuneigung, Anerkennung, Unterstützung und Wertschätzung des Kindes können nicht befriedigt werden (Arria et al. 2012).

Calhoun et al. (2015) rückten das häufig dysfunktionale Erziehungsverhalten der Eltern in suchtbelasteten Familien in den Vordergrund ihrer Forschung. Beobachtete Formen ungünstigen Erziehungsverhaltens waren beispielsweise ein sehr scharfer Ton oder sogar körperliche Bestrafung (z.B. Schläge mit dem Gürtel) als Konsequenz auf ein bestimmtes kindliches Verhalten. Auch ein sprunghaftes Verhalten durch die Eltern sowie eine ausgeprägte Stimmungs- und Verhaltenslabilität als Konsequenz des Substanzkonsums bzw. des Intoxikationsgrads konnte in einigen Familien beobachtet werden (Templeton et al. 2009; Velleman & Templeton 2016). Kinder erleben ihre Eltern grundsätzlich verändert, wenn diese intoxikiert sind. Dies kann sich z.B. in Form von besonderer Milde oder Härte (je nach Intoxikationsgrad) bei Bestrafung des Kindes äußern (Klein et al. 2016), aber auch bereits in Form eines veränderten Kommunikationsstils (v.a. im Kontext von Alkohol- oder Opiatkonsum eine undeutliche oder lautere Sprache, mehr ironische Anmerkungen oder ein ausgeprägtes Bedürfnis nach körperlicher Zuneigung mit dem Kind). Dies verstehen Kinder als sprunghaftes Verhalten, welches sie nicht erklären können und welches sie verunsichert (Lindemann 2008).

Eine Trennung oder Scheidung der Eltern oder sogar der Tod eines Elternteils infolge einer Suchterkrankung erleben Kinder aus suchtbelasteten Familien häufiger als Kinder aus nicht suchtbelasteten Familien (Hussong et al. 2008). Anda et al. (2002) erachten den Verlust einer elterlichen Bezugsperson als eine wesentliche widrige Kindheitserfahrung und konnten belegen, dass eine solche Erfahrung zu erhöhten Raten von eigenem Substanzmissbrauch sowie zu internalisierenden Störungen führen kann. Inwieweit Kinder aus suchtbelasteten Familien jedoch von psychischen Beeinträchtigungen betroffen sind oder sein werden, hängt entscheidend auch davon ab, inwiefern noch weitere innerfamiliäre Belastungen vorhanden sind. Kinder und Jugendliche aus alkoholbelasteten Familien erleben z.B.

häufig Disharmonie und Instabilität in der elterlichen Partnerschaft (Hussong et al. 2008) und werden dementsprechend häufig Zeuge von elterlichen verbalen Auseinandersetzungen (Templeton et al. 2009; Velleman et al. 2008; Velleman und Templeton 2016). Wiederholte Konflikte und Spannungen und damit einhergehende Verlust- und Trennungsängste führen zu negativen Empfindungen beim Kind und bringen es in einen Loyalitätskonflikt, durch den es sich an keinen Elternteil emotional wirklich binden kann. Bereits in frühen Reviews (Barber und Gilbertson 1999) wurde deutlich, dass Kinder und Jugendliche aus alkoholbelasteten Familien selbst häufiger in Konflikte mit ihren Eltern involviert sind als Kinder und Jugendliche aus unbelasteten Familien. Betroffene Kinder und Jugendliche berichten in diesem Zusammenhang häufig von Ambivalenzerfahrungen, insbesondere gegenüber ihrem Elternteil, der eine Substanzkonsumstörung aufweist (Klein 2005). Zeitweise empfinden sie Hassgefühle für den den betroffenen Elternteil und verachten ihn. Dennoch begleitet die Kinder ein stetiges Gefühl von Besorgnis um den betroffenen Elternteil und eine damit verbundene Sorge um dessen psychischen und physischen Gesundheitszustand (Orford et al. 2005).

Konflikte innerhalb der Familie werden in suchtbelasteten Familien allerdings oftmals nicht nur verbal ausgetragen, sondern können auch – wie bereits erwähnt – körperliche Gewalt beinhalten (Olszeweski et al. 2010). Bereits Ellis et al. (1997) berichteten, dass z.B. Kinder aus alkoholbelasteten Familien eine höhere Wahrscheinlichkeit aufweisen, Zeuge oder Opfer von häuslicher Gewalt zu werden als Kinder aus unbelasteten Familien. Jester et al. (2000) berechneten, dass in Familien mit einem stark trinkenden Elternteil das Risiko für häusliche Gewalt um ein Dreifaches erhöht ist. Der Untersuchung von Velleman et al. (2008) zufolge sind die Ausmaße der berichteten häuslichen Gewalt in suchtbelasteten Familien bisweilen extrem und bringen schwerwiegende Konsequenzen mit sich (z.B. Ohnmacht, gebrochene Knochen und/oder Arztbesuche). Die Mehrzahl der Gewalttaten spielte sich zwischen den Ehepartnern ab, bei denen die Kinder Zeugen wurden; in einem geringeren Ausmaß wurden jedoch auch Gewalthandlungen zwischen Eltern und Kind berichtet.

4.2 Kinder aus suchtbelasteten Familien

Eine Suchterkrankung eines Elternteils kann aber auch abseits von Konflikten negative Auswirkungen auf das gesamte Familienleben haben. Versprechungen, Planungen oder gemeinsam getroffene Entscheidungen, wie z.b. geplante Familienausflüge oder Geburtstagsfeiern, werden oftmals durch den Substanzkonsum gestört, hinfällig und es müssen spontan notwendige Änderungen oder Anpassungen vollzogen werden (Templeton et al. 2009). Dies kann ernsthafte Konsequenzen für Familienrituale, wie z.B. ein gemeinsames Abendessen oder Familienausflüge am Wochenende, mit sich bringen (Zobel 2006), welche in der Regel für die Kinder stabilisierend wirken sollen, da sie erwartete Rollen klarstellen, Grenzen innerhalb der Familie beschreiben und Regeln so definieren, dass jedes Familienmitglied sich darüber bewusstwird, wie die Familie funktioniert.

Ein Elternteil mit einer Suchterkrankung ist in der Regel aufgrund seiner Störung oftmals nicht mehr in der Lage, seine alltäglichen und familiären Verpflichtungen in einem adäquaten Maß wahrzunehmen. Dementsprechend häufig werden die familiären Verantwortlichkeiten und Aufgaben innerhalb der Familie neu aufgeteilt, sodass die Ausfälle und Versäumnisse der betroffenen Person weniger schwerwiegend und offenkundig sind (Nastasi und DeZolt 1994). Durch die neuen Rollenverteilungen bekommen die Kinder häufig Aufgaben zugeschrieben, die aufgrund ihres Entwicklungsstandes nicht altersangemessen sind (Pasternak & Schier 2014). Oftmals fungieren betroffene Kinder als Trostspender und Ratgeber für den nicht betroffenen Elternteil, welcher durch Gespräche mit dem Kind versucht, die eigenen Schwierigkeiten mit dem Partner zu bewältigen. In Extremfällen kann es sogar zu einer Rollenumkehr kommen, in der das Kind die Ver- und Fürsorgerrolle für den abhängigkeitserkrankten Elternteil übernehmen muss (»Parentifizierung«) (Bancroft et al. 2004). In manchen Fällen wird das Kind, dies betrifft besonders Mädchen, zum pflegenden Angehörigen. Jugendliche mit Pflegeverantwortung übernehmen dann sowohl Anteile der körperlichen Pflege (z.B. ins Bett bringen, reinigen bei Inkontinenz) als auch der psychischen Pflege (z.B. Sorgen teilen, zuhören, Notfallmaßnahmen einleiten). Diese Belastungen stellen für die weitere Entwicklung des

Kindes eine oft relevante Vorerfahrung oder sogar ein Risiko dar, da betroffene Kinder ihre kindliche Seite zunehmend vernachlässigen oder verleugnen und eigene Entwicklungsaufgaben vernachlässigen (Klein et al. 2003).

Schließlich erleben Kinder aus suchtbelasteten Familien soziale Marginalisierung, Exklusion und Stigmatisierung durch die Gesellschaft häufiger als andere Kinder (Haverfield & Theiss 2016). So besuchen einige Kinder nicht regelmäßig die Schule, um für den betroffenen Elternteil zu Hause präsent zu sein (Backett-Milburn et al. 2008). Auch Verhaltensauffälligkeiten des betroffenen Kindes können eine Rolle spielen. Betroffene Kinder haben oft das Gefühl, nicht »normal« zu sein; sie schämen sich und fühlen sich ausgegrenzt. Dies verleitet die Kinder dazu, zu versuchen, ihre Situation vor anderen geheim zu halten, zu lügen oder Fantasiegeschichten zu erfinden.

Merke
Erziehungsverhalten und Familienklima sind in suchtbelasteten Familien meist chronisch belastet, was sich auf die betroffenen Kinder negativ auswirkt.

4.2.2 Suchtmittelspezifische Risiken

Zusätzlich zu diesen allgemeinen, eher suchtspezifischen Risiken wurden im Kontext der Forschung zu Kindern aus suchtbelasteten Familien auch eine Anzahl differenzieller Risiken identifiziert, die abhängig von der Art bzw. des Wirkspektrums der konsumierten Substanz auftreten können. Substanzbezogene Risikofaktoren sind z. B. solche, die direkt mit einem regelmäßigen Konsum und den substanzspezifischen Intoxikationserscheinungen zu tun haben können (wie z. B. Aggressivität und Affektlabilität nach Alkoholgebrauch, Apathie und Sedierung bei Opioidintoxikation oder langanhaltende Wachheit und Agitiertheit im Kontext von Methamphetaminkonsum) und damit das elterliche Verhalten – auch gegenüber dem Kind – maßgeblich mitbestimmen. Diese substanzspezifischen Risiken sind darüber hinaus von großer Bedeutung, als dass sie die Wahrnehmung und Wirkungserwartungen des Kindes bezüglich dieser Substanz determinieren und damit – neben genetischen und anderen substanzunspezifischen Risikofaktoren – als Effekt des Modelllernens den Weg einer familiären Transmission der Suchterkrankung ebnen können.

Kinder von Eltern mit einer *Drogenkonsumstörung* erleben im Gegensatz zu Kindern von Eltern mit Alkoholkonsumstörung häufiger eine Drogengebrauchsstörung bei beiden Elternteilen, da bei Personen mit Drogenkonsumstörung ein entsprechendes Partnerwahlverhalten üblicher ist als bei Menschen mit Alkoholkonsumstörung (Klein 2008b). Dadurch können die negativen Effekte des Elternteils mit Drogenkonsumstörung nicht in ausreichendem Ausmaß durch ein gesundes Elternteil kompensiert werden. Aufgrund einer höheren Rate an durch den pränatalen Drogenkonsum der Mutter bedingten Frühgeburten kann es zu verstärkten Problemen beim Beziehungsaufbau zwischen Mutter und Kind kommen. Kinder von Müttern mit Drogenkonsum in der Schwangerschaft weisen häufiger – neben anderen körperlichen Beeinträchtigungen, Entwicklungsverzögerungen und Verhaltensauffälligkeiten (Forray 2016) – ein schwieriges Temperament auf, was die Beziehungsprobleme der Eltern verstärken und bei ihnen zu Überforderung und Insuffizienzgefühlen führen kann (Klein 2008b). Die Kinder erleben zudem die typischen Konsequenzen der Drogensubkultur, wie beispielsweise Beschaffungskriminalität, Prostitution oder Inhaftierung eines Elternteils o.ä. (Calhoun et al. 2015). Typisch für Kinder (und auch für andere Angehörige) aus drogenbelasteten Familien ist eine stärkere soziale Isolation als Folge einer befürchteten oder tatsächlichen gesellschaftlichen Stigmatisierung. Dadurch lernen sie weniger sozial förderliche Verhaltensweisen und erleben sich dadurch insgesamt in ihrem Selbstwertgefühl als instabiler und gefährdeter (Klein 2008b). Durch die im Vergleich mit Eltern mit Alkoholkonsumstörung höhere Komorbidität von Eltern mit Drogenkonsumstörung laufen ihre

Kinder zudem Gefahr, häufiger eine doppelte Schädigung aufgrund des komplexeren Störungsbildes ihrer Eltern sowie aufgrund des Wegfalls einer potenziell stützenden Bezugsperson zu erleiden. In Einzelfällen, die klinisch dokumentiert wurden, werden an die Kinder und Jugendlichen früh psychotrope Substanzen, die im Lebensumfeld der Eltern den Status der Normalität besitzen, verabreicht (Klein & Dyba 2016).

Hogan (2007) konzentrierte sich speziell auf die Auswirkungen von elterlichem Opiatkonsum auf das Erziehungsverhalten sowie die physische und emotionale Präsenz der Eltern. Neben 50 Müttern und Vätern mit Opiatkonsumstörung wurden auch 50 nicht betroffene Eltern mit ähnlichem sozioökonomischem Status interviewt. Die Kinder der Studienteilnehmer waren im Durchschnitt sieben bis acht Jahre alt. Eltern, die Opiate konsumierten, berichteten im Vergleich zu Eltern, die keine Opiate konsumierten, eher, dass sie unzufrieden mit ihrer physischen Verfügbarkeit und emotionalen Responsivität sowie der Umgebung, die sie den Kindern bieten, seien. Als erklärende Variablen spielen zum einen kontextuelle Faktoren, wie Abwesenheit aufgrund von Beschaffungskriminalität mit eventueller Inhaftierung oder Behandlung der Abhängigkeitsstörung eine Rolle. Zum anderen schildern konsumierende Eltern vermehrt, dass physiologische Faktoren, wie akute Intoxikation oder Entzugserscheinungen, es ihnen erschweren, ihren Kindern emotionale Zuwendung zu schenken. Des Weiteren tragen psychische Symptome, wie Depressivität, Angstzustände oder erhöhte Reizbarkeit, vor allem in Zeiten des Entzugs zu einem unvorhersehbarem, unstabilen elterlichen Erziehungsverhalten bei. Opiatabhängige Eltern erläuterten, dass positive und negative Interaktionen mit ihren Kindern in ständigem Wechsel miteinander stehen, abhängig vom Wechsel von Intoxikation zu Entzugserscheinungen und erneuter Intoxikation. Die Eltern mit Opiatkonsumstörung besaßen außerdem verstärkt die Überzeugung, dass ihre Kinder aufgrund der elterlichen Störung »schlecht wegkommen«, wohingegen die nicht betroffenen Eltern, trotz ähnlich geringer sozioökonomischer Ressourcen, den Eindruck hatten, ihren Kindern eine generell positive Erziehungserfahrung bieten zu können. Unterschiede zwischen betroffenen Müttern und Vätern zeigten sich vor allem in Bezug auf den Lebensstil. Betroffene Väter waren mit einer höheren Wahrscheinlichkeit über den Tagesverlauf und längere Zeiträume (z.B. durch Inhaftierungen) physisch von ihren Kindern getrennt. Dies ist besonders relevant, da Kinder von Eltern mit Opiatkonsumstörung eher in einem Einpersonenhaushalt – meist mit ihren Müttern – aufwuchsen als Kinder von nicht betroffenen Eltern.

Eine weitere und hinsichtlich unterschiedlicher Merkmale besonders vulnerable Gruppe im Kontext illegaler Drogen stellen *Kinder von Eltern mit Methamphetaminkonsumstörung* dar. Milin et al. (2014) identifizierten in ihrer Studie zu Methamphetaminkonsum konsumierende Eltern als eine wichtige Konsumentensubgruppe. Speziell die sexuell enthemmende Wirkung der Substanz ebenso wie die gesteigerte Bereitschaft für riskantes (ungeschütztes) Sexualverhalten scheinen häufig zu frühen und ungewollten Schwangerschaften zu führen. Messina und Jeter (2012) beobachteten in ihrer US-amerikanischen Studie, dass Kinder mit methamphetaminkonsumierenden Eltern häufig entsprechende Laboratorien zur Produktion der Substanz im Hause oder in der Nähe haben. Somit sind die Kinder nicht nur dem elterlichen Konsum und der Substanz an sich ausgesetzt, sondern auch anderen gefährlichen Chemikalien und Utensilien, die für die Herstellung von Crystal Meth notwendig sind. Darüber leben sie häufig in unhygienischen Zuständen mit Müll, verfaultem Essen, Ungeziefer und Tierkot. Fremdunterbringungen der Kinder und eine damit verbundene Trennung von den Bezugspersonen sind daher im Kontext von Methamphetaminkonsumstörungen sehr häufig (Klein et al. 2016). Die amerikanische »Illinois-Studie« (Haight et al. 2009) ist im Kontext von Crystal Meth die bislang umfassendste Untersuchung und macht die psychosozialen Belastungen von elterlicher Methamphetaminkonsumstörung deutlich: Innerhalb ihrer Herkunftsfamilien beobachteten die Kinder regelmäßig den Drogenkonsum der Eltern, viele erlebten Gewalt der Eltern untereinander, einige erlebten selbst Gewalt oder Missbrauch durch Erwachsene. Einige wurden Zeuge von kriminellem und antisozialem Verhalten oder wurden sogar in dieses involviert. Die in allen Fällen vorkommende Trennung von den Eltern und Unterbringung in der Pflege wurde von den meisten Kindern als äußerst belastend beschrieben. Die im Rahmen der Studie befragten Mütter berichteten außerdem über die Problematik ihres eigenen antisozialen und paranoiden Verhaltens und dessen ungünstigen Effekts auf die kindliche Entwicklung. Schuldgefühle wurden deutlich, ebenso wie die Schmerzhaftigkeit der Erfahrung, die Kinder nicht selbst aufziehen zu können. Die Mütter berichteten von Liebe zu ihren Kindern und einer großen Angst um sie. Am größten war dabei die Sorge, die Kinder könnten selbst beginnen Substanzen zu missbrauchen. Auch in anderen Untersuchungen zu elterlicher Methamphetaminkonsumstörung (Brown und Hohman 2006) beschrieben betroffene Elternteile retrospektiv Gefühle von Schuld und Selbstvorwürfen. Semple et al. (2011) befassten sich ebenfalls mit der Bedeutung von elterlichem Rollenstress männlicher und weiblicher Methamphetaminkonsumenten, die minderjährige Kinder hatten. Die Geschlechter unterschieden sich im Hinblick auf die wirtschaftliche Situation, die bei den befragten Frauen kritischer war. Geschlechterübergreifend zeigte sich ein deutlicher Zusammenhang intrapsychischer Stressoren und depressiver Verstimmungen.

Eine Untersuchung von Klein & Dyba (2016) belegte erneut die schwirigen Lebensbedingungen, die von methamphetaminbelasteten Familien häufig beobachtet werden: In den meisten Fällen lag eine elterliche Arbeitslosigkeit vor und in etwa jeweils der Hälfte der Fälle konnten Verschuldung und justizielle Probleme festgestellt werden. In den meisten Fällen waren die leiblichen Eltern der Kinder getrennt, häufig lebten die Kinder beim nicht konsumierenden Elternteil oder waren fremduntergebracht. Beobachtete und dokumentierte Verhaltensänderungen der betroffenen Eltern seit Konsumbeginn bezogen sich u.a. auf emotionale Distanziertheit, Stimmungsschwankungen, negativen Affekt, Impulsivität, Aggressivität, Vernachlässigung von Werten und Pflichten, Unruhe, sozialen Rückzug und paranoide Symptome. Aus qualitativen Interviews mit den Eltern (N = 28) kristallisierten sich noch deutlichere Verhal-

4.2 Kinder aus suchtbelasteten Familien

tensänderungen heraus: Neben einer generellen Vernachlässigung allgemeiner und familiärer Verpflichtungen, Verschiebungen des Tag-Nacht-Rhythmus und einer Fixierung auf monotone Aktivitäten (sog. »Punding«, z. B. exzessives Putzen) zeigten die Eltern ihren Kindern gegenüber unvorhersehbares und impulsives Verhalten, eine vermehrte emotionale und körperliche Distanz, weniger konsequentes – oder auch strengeres – Verhalten, Aggressivität sowie eine Unfähigkeit, angemessen für das Wohlbefinden und die Sicherheit des Kindes zu sorgen.

> **Merke**
> Insbesondere bei Kindern von Eltern mit Drogenkonsumstörung droht oft eine Kindeswohlgefährdung. Eine regelhafte und dauerhafte Unterstützung durch Jugendamt und Jugendhilfeeinrichtungen erscheint sinnvoll.

Meyer und Bachmann (2011) fassten auf Basis bestehender Studien und eigener klinischer Beobachtungen zusammen, dass auch Kinder von Eltern mit Glücksspielstörung massiven psychosozialen Belastungen ausgesetzt sind. So empfinden es Kinder oft als Zurückweisung, dass der betroffene Elternteil sie kaum wahrnimmt, emotional unerreichbar oder geistesabwesend ist und ihnen insgesamt wenig Aufmerksamkeit entgegenbringt. Die emotionale Bedürfnisbefriedigung der Kinder ist dadurch massiv beeinträchtigt. Darüber hinaus tangieren die finanziellen Schwierigkeiten und die resultierenden Existenzängste auch die Kinder – in einigen Fällen vergreifen sich betroffene Elternteile auch an den Ersparnissen der Kinder, was bei diesen Enttäuschungen, Ärger oder sogar Hassgefühle hervorrufen kann. Eine Rollenumkehr bzw. eine altersinadäquate Übernahme familiärer Verpflichtungen (z.B. sich um Geschwister kümmern) wurde auch bei Kindern von Eltern mit Glücksspielstörung beobachtet – ebenso wie starke Stimmungsschwankungen des betroffenen Elternteils, welche ebenfalls zurückweisend auf das Kind wirken können. Als problematisch ist ebenso das Konfliktbewältigungsverhalten zu bewerten, welches Kinder von Eltern mit Glücksspielstörung häufig vorgelebt bekommen: Die betroffene Person trägt Konflikte nicht aus, sondern flüchtet bei Problemen und Schwierigkeiten in das Glücksspiel. Darüber hinaus ist das Kind permanent Lügen und Täuschungen ausgesetzt, zum einen durch den betroffenen Elternteil, welcher versucht, sein Verhalten zu verheimlichen, zum anderen durch andere Familienmitglieder, die versuchen, nach außen ein intaktes Familienbild zu präsentieren und Notlagen zu vertuschen, vermeintlich um das Kind zu schützen. Dem Kind kann es so kaum gelingen, sich adäquate Bewältigungsmechanismen anzueignen und es entwickelt eine verzerrte Sicht von Normalität. Nicht zuletzt verletzen Notlagen, Vernachlässigungen und Enttäuschungen durch den Elternteil sowie Stigmatisierungen von außen das Selbstwertgefühl der Kinder. Verlusterfahrungen in Bezug auf Sicherheit und Vertrauen sowie mangelnde Liebe und Geborgenheit und Entfremdungsgefühle gegenüber dem spielenden Elternteil belasten betroffene Kinder massiv.

4.3 Andere Angehörigengruppen

Eine qualitative Studie von Ruckstuhl und Candrian (2012) zu Müttern von Söhnen mit Drogenkonsumstörung zeigte auf, dass sich betroffene Mütter insbesondere belastet fühlen durch die Angst vor einer Überdosis und dem damit einhergehenden möglichen Tod ihres Kindes, das Erleben von Macht- und Hilflosigkeit, die Vereinsamung und Scham durch den Drogenkonsum des Kindes, die Auseinandersetzung mit eigenen Schuldgefühlen und Vorwürfen von anderen sowie durch die Sorge um die berufliche und finanzielle Zukunft ihrer Söhne. Die Ergebnisse dürften weitgehend auch auf drogenabhängige Töchter übertragbar sein, deren Mütter in dieser Studie nicht erreicht wurden.

Vellemann et al. (1993) berichteten, dass Eltern vor allem das Lügen ihrer betroffenen Kinder ihnen gegenüber als belastend erleben, während für Lebenspartner eher physische Gewalt und finanzielle Sorgen im Zentrum standen. Dies deckt sich teilweise mit den Ergebnissen von Benishek et al. (2011): In einer Stichprobe mit 110 Angehörigen (92 Lebenspartner, 18 Eltern) von Personen mit Substanzkonsumstörung berichten 70% der Lebenspartner von gewaltbezogenen Problemen, jedoch nur 39% der Eltern. In anderen Problemdomänen (emotionale, familiäre, finanzielle, gesundheitsbezogene, rechtliche und Probleme in der Beziehung) konnten keine signifikanten Unterschiede festgestellt werden.

5 Auswirkungen der Suchterkrankung auf die Angehörigen

Die beschriebenen Belastungen können bei allen Angehörigen von Menschen mit Suchterkrankung eine Vielzahl von negativen Gefühlen auslösen, wie z.b. Angst, Hilf- und Machtlosigkeit, Schuld, Wut und Einsamkeit. Die Chronizität dieser negativen Empfindungen, die Schwierigkeit, die eigenen Emotionen innerhalb der familiären Beziehungen einzubringen sowie ein häufig vorhandenes negatives Selbstbild sorgen für das Auftreten verschiedener psychischer Symptome, wie z.b. Schlafprobleme, erhöhter eigener Substanzkonsum, Appetitlosigkeit oder Essstörungen, Konzentrationsschwierigkeiten, Angst und Panik, Depressionen (bisweilen mit Suizidgedanken) sowie somatische Symptome, wie u.a. Übelkeit, Schmerzen, Bluthochdruck, allgemeine Schwäche und schlechte Gesundheit, die als stressbedingte Störungen verstanden werden können (Klein et al. 2002, 2005; Klein 2018; Orford et al. 2010; Thomasius 2000).

Im Folgenden werden Studien beschrieben, welche die psychosozialen und gesundheitlichen Auswirkungen bei bestimmten Angehörigengruppen untersucht haben.

5.1 Partner von Menschen mit Suchterkrankungen

Orford et al. (2005) skizzierten eine Reihe von Symptomen, die Angehörige von Personen mit Substanzkonsumstörung als Reaktion auf die Abhängigkeitsstörung beschreiben. Bei einem Großteil der Stichprobe handelt es sich um Lebenspartnerinnen oder Mütter. Die Mehrheit der Studienteilnehmer berichtete von Anzeichen schlechter Gesundheit wie Schlafstörungen, ständiger Müdigkeit, eigenem Substanzmissbrauch, gesteigertem oder gehemmtem Appetit, körperlichen Symptome (z.B. Kopfschmerzen, Rückenschmerzen, Bluthochdruck, Asthma, Haarverlust) oder generellem Unwohlsein.

Ruckstuhl (2017) untersucht eine Stichprobe von größtenteils Eltern, Geschwistern und Partnerinnen von Menschen mit Heroin- oder Kokainkonsumstörung in der Schweiz. Erhöhte Depressionswerte waren in 27,3 % der Fälle vertreten (zum Vergleich: Die 12-Monatsprävalenz für eine depressive Störung lag in der Normalbevölkerung der Schweiz bei lediglich 7 %). Insbesondere negative Bewältigungsstrategien, wie »Bagatellisieren«, »Herunterspielen«, Vermeidung« oder »Resignation« standen mit höheren Depressionswerten in Zusammenhang. Ähnliche Befunde konnten auch in Deutschland nachgewiesen werden (Berndt et al. 2017): In der BEPAS-Studie hatten befragte Angehörige eine verdoppelte Wahrscheinlichkeit, jemals eine Depression diagnostiziert bekommen zu haben.

Speziell in Bezug auf Partnerinnen von Männern mit Glücksspielstörung fanden schon Lorenz und Shuttlesworth (1983) heraus, dass sich 84 % der Frauen von Männern mit Glücksspielstörung infolge der Erfahrungen mit der Suchterkrankung selbst als psychisch krank bezeichneten. Dabei suchten sie selbst Zuflucht in exzessivem Trinken, Rauchen, übermäßigem Essen, Nahrungsrestriktion oder impulsiven Einkäufen. 12 % der befragten Frauen begingen Suizidversuche, vor allem aufgrund von physischen und verbalen Misshandlungen durch den Ehepartner sowie Auseinandersetzungen aufgrund von Trennungs- und Scheidungsabsichten. Auch Heineman (1987) verglich bereits in einer 16-monatigen Studie die Behandlungsmöglichkeiten von Frauen von Männern mit Alkoholkonsum- und Glücksspielstörung und schlussfolgerte, dass zwar Parallelen in den Problematiken bestehen, aber dass Frauen von Männern mit Glücksspielstörung mit speziellen Problemen zu tun haben, die in der Behandlung von Frauen von Männern mit Alkoholkonsumstörung nicht in dem Maße in Erscheinung treten (Meyer und Bachmann 2011). Vor allem die massiven finanziellen Probleme, Auseinandersetzungen mit Gläubigern sowie die verschärfte Kontrolle über das Haushaltsbudget wurden immer wieder von Frauen von Betroffenen benannt. Aufgrund der Langfristigkeit der finanziellen Probleme sowie aufgrund eines mangelnden Hilfeangebots scheint bei Frauen von Männern mit Glücksspielstörung das Vertrauen zu den Ehemännern langsamer als bei Frauen von Männern mit Alkoholkonsumstörung zurückzukehren. Des Weiteren erlebten die Frauen Einsamkeitsgefühle, da der Partner durch Überstunden und Mehrfachtätigkeit bemüht war, die Schulden, die durch seine Glücksspielstörung entstanden waren, auszugleichen. In vielen Fällen haben die Angehörigen darüber hinaus mit erheblichen und unangenehmen Überraschungen zu rechnen, was das wahre Ausmaß der Schulden angeht.

> **Merke**
> Angehörige von Menschen mit Suchterkrankungen erkranken häufiger psychisch und körperlich. Insbesondere affektive Störungen treten häufig auf. Frühinterventionen und Psychotherapie sind demgemäß besonders angezeigt.

5.2 Kinder aus suchtbelasteten Familien

Neben jenen Stressfaktoren und Belastungen, unter denen alle Angehörigengruppen zu leiden haben, haben Kinder aus suchtbelasteten Familien das Alleinstellungsmerkmal, dass sie die einzige Angehörigengruppe darstellen, die bereits während der Schwangerschaft im Mutterleib den toxischen Wirkungen von Alkohol und illegalen Drogen ausgesetzt sein kann. Dies hat in vielen Fällen schwerwiegende körperliche und auch psychische Schädigungen zur Folge.

Darüber hinaus ist eine elterliche Abhängigkeitsstörung ein relevanter Risikofaktor für die Entwicklung eigener substanzbezogener Störungen der Kinder im späteren Lebensalter (Klein 2018).

> **Merke**
> Kinder von Frauen, die in der Schwangerschaft Alkohol oder Drogen konsumieren, können bereits in der Schwangerschaft Schädigungen davontragen.

5.2.1 Folgen pränataler Exposition mit Alkohol und/oder Drogen

Bereits während der Schwangerschaft wirkt sich mütterlicher Substanzkonsum auf die Entwicklung des Kindes aus. Generell birgt eine pränatale Exposition gegenüber Drogen oder Alkohol die Gefahr eines geringen Geburtsgewichts, früher Fütterungsstörungen, einer erhöhten Irritabilität der Neugeborenen sowie einer verzögerten kognitiven oder körperlichen Entwicklung (Calhoun et al. 2015). Speziell in Bezug auf eine pränatale Alkoholexposition besteht für das ungeborene Kind darüber hinaus die Gefahr der Entwicklung eines Fetalen Alkoholsyndroms (FAS), welches sich durch ein geringes Geburtsgewicht, einer geringen Körpergröße bei Geburt, fazialen Auffälligkeiten (z. B. kurze Lidspalten, verstrichenes Philtrum, schmale Oberlippe) und Auffälligkeiten des Zentralen Nervensystems (z. B. Intelligenzminderung, Entwicklungsstörungen unterschiedlicher Art) auszeichnet (Landgraf & Heinen 2013). Darüber hinaus sind weitere pränatale Schädigungen und Symptome zu berücksichtigen, welche in der weiter gefassten Diagnosegruppe der Fetalen Alkoholspektrumtörungen (FASD) zusammengefasst werden (Landgraf & Heinen 2016). Zwischen 14,4 und 30 % der Schwangeren konsumieren wissentlich während ihrer Schwangerschaft Alkohol (Landgraf & Heinen 2016). Die Schätzungen für jeglichen Alkoholkonsum, also auch vor Bekanntwerden der Schwangerschaft, oder einmaligem

Konsum sind insbesondere für Europa hoch: Sie liegen zwischen 10,8 und 91,9 %. Im Vergleich dazu liegen die Zahlen zwischen 8 und 30 % in den USA und zwischen 5,4 und 7,2 % in Kanada (Landgraf & Heinen 2016). Die Prävalenz der FASD wird auf 0,2 bis 4,4 pro 1.000 Geburten in Europa geschätzt (Landgraf & Heinen 2016). Die im Jahr 2016 erschienene S3-Leitlinie zum Thema FASD erleichtert anhand der entwickelten standardisierten Kriterien die Diagnose und Behandlung von betroffenen Kindern, Jugendlichen und Erwachsenen (Landgraf & Heinen 2016). Auch bei nicht bestätigter pränataler Alkoholexposition oder nicht zu bestätigendem Verdacht auf pränatalen mütterlichen Alkoholkonsum kann mithilfe der Leitlinie im Einzelfall bei Vorliegen der anderen Kriterien eine FASD-Diagnose vergeben werden, sodass dem betroffenen Kind entsprechende Hilfen im Gesundheits- und Sozialsystem gewährt werden müssen.

Methamphetaminkonsum in der Schwangerschaft ist im Allgemeinen assoziiert mit einem erhöhten Risiko von Aborten und Frühgeburten sowie postnatal mit einer zu geringen Körpergröße bei Gestationsalter, niedrigem Erregungsniveau, Bewegungseinschränkungen, erhöhtem physiologischen Stress sowie späteren Verhaltens- und Entwicklungsdefiziten (Calhoun et al. 2015; Gorman et al. 2014; van Dyk et al. 2014). Ebenso wie ein pränataler Opioidmissbrauch kann er infolge der beendeten Zufuhr der Substanz nach der Geburt zu einem Entzugssymptom beim Säugling (Neonatales Abstinenzsyndrom, NAS) führen. Probleme durch eine pränatale Exposition an Substanzen können sich jedoch auch noch zu einem späteren Zeitpunkt manifestieren: So geht zum Beispiel eine pränatale Exposition an Kokain häufig einher mit späteren Sprachentwicklungsstörungen, emotionalen Problemen (z. B. sozialer Rückzug, Ängsten, Depression) sowie Verhaltensauffälligkeiten (z. B. Delinquenz, Aggressionen und präpubertärer Substanzgebrauch). Pränatal erworbene Schädigungen interagieren darüber hinaus in komplexer Weise mit Entwicklungsbedingungen im späteren Kindesalter. So kann es aufgrund der Verhaltensauffälligkeiten und -defizite schon im Kindergartenalter zu sozialer Ausgrenzung und schwierigen Interaktionen mit anderen Kindern kommen. Dies verstärkt und intensiviert sich oft im Schulalter, wenn nicht ein positives inklusives und problemverstehendes Klima im pädagogischen Umfeld hergestellt wird.

5.2.2 Folgen von Störungen durch Substanzgebrauch für Kinder aus suchtbelasteten Familien

Die psychosozialen Auswirkungen einer elterlichen Suchterkrankung auf die Kinder im Kleinkind-, Schul- oder Jugendalter sowie im Erwachsenenalter sind in den letzten Jahrzehnten umfassend untersucht worden. In internationalen Untersuchungen im Kontext von »Kindeswohl und Entwicklungspathologie« gilt eine elterliche Suchterkrankung mittlerweile als einer der gefährlichsten Risikofaktoren für eine gesunde körperliche und psychische Entwicklung des Kindes (Klein 2008b, Klein et al. 2013). Vor allem in Hinblick auf die Entwicklung eigener substanzbezogener Störungen werden Kinder aus suchtbelasteten Familien als besonders vulnerabel betrachtet (Thomasius et al. 2009). Studien zufolge haben betroffene Kinder ein 2,7- (Greiner et al. 2018) bis 6-fach (Grant 2000) erhöhtes Risiko, später selbst einmal eine Substanzkonsumstörung zu entwickeln. Darüber hinaus konnte beobachtet werden, dass Kinder aus alkoholbelasteten Familien früher als nicht betroffene Gleichaltrige beginnen Alkohol zu konsumieren, früher erste Intoxikationserfahrungen sammeln und mehr »Binge Drinking« betreiben (Klein et al. 2013). Die genauen Mechanismen der Transmission für suchtbezogene Probleme sind komplex und weiterhin nicht hinreichend erforscht (Campbell und Oei 2010). Es gibt zum einen eine genetische Komponente (Sørensen et al. 2011; Zimmermann et al. 2008, Palmer et al. 2019). So ist beispielsweise erwiesen, dass Söhne von Vätern mit Alkoholkonsumstörung mehr Alkohol konsumieren müssen, um die berauschende Wirkung der Substanz zu spüren als Söhne von nicht betroffenen Vätern (Schuckit und Smith 2001). Somit laufen sie Gefahr, größere Mengen zu konsumieren. Darüber hinaus postulieren Adkison et al. (2013), dass Söhne von Vätern mit Alkoholkonsumstörung über weniger ausgeprägte Selbstregulationsmechanismen verfügen, was ebenfalls einen höheren Konsum begünstigen kann. Unterstützt wird diese Annahme durch den Befund, dass Kinder von Alkoholikern einen leicht dysfunktionalen präfrontalen Kortex vererbt bekommen können (Wiers 1994). Die auch damit zusammenhängende verminderte Inhibierung von sozial unerwünschtem Verhalten (Kalat 2012) kann zu übersteigerten Alkoholwirkungserwartungen und zu einer Vulnerabilität für Substanzkonsumstörungen im Allgemeinen führen, was die Wahrscheinlichkeit für einen schädlichen Gebrauch von Alkohol deutlich erhöht.

Die Vorstellung einer vollkommen genetisch determinierten Transmission von Abhängigkeitserkrankungen ist allerdings im Hinblick darauf, dass nur ein Teil der Nachkommen selbst suchtbezogene Probleme entwickelt, nicht haltbar (Klein et al. 2003). Eine frühe Metaanalyse von Familienstudien von Schuckit (1994) bestätigt beispielsweise, dass die Transmission von Alkoholproblemen nicht überwiegend genetisch bedingt ist: Bei etwa 50 % der weiblichen und 30 % der männlichen Personen mit Alkoholkonsumstörung bestand keine entsprechende familiäre Belastung unter Angehörigen ersten und zweiten Grades. Ergebnisse bereits früher genetischer Studien lassen den Schluss zu, dass auch ein möglicher Einfluss von personen- und umweltbezogenen Faktoren, entweder als unabhängige Faktoren oder im Zusammenspiel mit genetischen Variablen, nicht außer Acht gelassen werden darf (Sher 1991). Darüber hinaus ist die Entwicklungsprognose von Kindern, deren Eltern eine Suchterkrankung frühzeitig erfolgreich überwunden haben, vergleichsweise gut (Klein 2000). Kinder aus suchtbelasteten Familien unterscheiden sich nicht mehr bedeutsam von Familien ohne Suchtbelastung, wenn der betroffene Elternteil seinen Suchtmittelkonsum einstellt – das Risiko von emotionalen Problemen und Verhaltensauffälligkeiten der Kinder sinkt (Velleman & Templeton 2016; Zobel 2006).

Untersuchungen zu personen- und umweltbezogenen Transmissionsfaktoren erklären die intergenerationale Übertragung substanzbezogener Störungen u. a. durch ein Modelllernen im Sinne einer zeitversetzten Nachahmung des elterlichen Konsumverhaltens durch das Kind, z.B. als Bewältigungsstrategie in emotional problematischen Situationen oder von früheren negativen oder traumatischen Erfahrungen oder auch zur aggressiven sozialen Durchsetzung (Chassin et al. 1999; Ellis et al. 1997). Auch substanzspezifische, überzogen positive Wirkungserwartungen werden frühzeitig in suchtbelasteten Familien in starkem, oft irrationalem Ausmaß gelernt, und können problematisches Konsumverhalten begünstigen (Klein 2018).

Trotz dieser besonderen Gefährdung von Kindern aus suchtbelasteten Familien sollte an dieser Stelle erwähnt werden, dass bei betroffenen Kindern auch ein umgekehrter Effekt eintreten kann: Einige Jugendliche aus alkoholbelasteten Familien reduzieren oder vermeiden bewusst den Konsum von Alkohol, um den negativen Konsequenzen, die sie bei ihren abhängigen Eltern direkt erlebt haben, konsequent aus dem Weg zu gehen (Trim und Chassin 2004). Hierbei bleibt allerdings die Frage offen, ob das Abstinenzverhalten dauerhaft bestehen bleibt oder ob sich trotzdem eine eigene Substanzkonsumstörung im (späteren) Erwachsenenalter manifestieren wird oder ob gegebenenfalls eine andere psychische Störung im Hintergrund vorhanden ist. Auch andere Störungen durch Verhaltenssüchte in den Bereichen Kaufen, Internet, Glücksspiel usw. sind denkbar (Baltruschat et al. 2005).

Es konnte zudem wiederholt belegt werden, dass betroffene Kinder und Jugendliche häufig auch andere psychische Störungen mit klinischer Relevanz entwickeln (Calhoun et al. 2015; Klein 2008a; Moesgen 2014). Mehrere Studien demonstrieren bei Kindern aus suchtbelasteten Familien z.B. ein erhöhtes Aufkommen von externalisierenden Auffälligkeiten wie Störungen des Sozialverhaltens, übermäßig aggressiven Verhaltensweisen oder hyperkinetischen Störungen (z.B. Molina et al. 2010; Kendler et al. 2016; Klein 2018). Dies erscheint insofern von besonderer Relevanz, als dass externalisierende Verhaltensauffälligkeiten als stabile Prädiktoren für spätere Alkohol- oder andere Substanzgebrauchsstörungen gelten und somit eine wichtige Rolle für die weitere Entwicklung der betroffenen Kinder spielen (Marshal et al. 2007; King und Chassin 2008). Die vorliegende Datenlage zeigt darüber hinaus, dass Kinder aus suchtbelasteten Familien bezüglich der Entwicklung internalisierender Störungsbilder besonders gefährdet sind: So zeigen betroffene Kinder im Vergleich zu unbelasteten Gleichaltrigen erhöhte Raten an Angststörungen, depressiven Störungen oder Zwangsstörungen (Omkarappa & Rentala 2019), sowohl in der Kindheit als auch später im Jugend- und Erwachsenenalter (Park & Schepp 2015). Eine elterliche Alkoholabhängigkeit wird außerdem mit Symptomen einer Posttraumatischen Belastungsstörung (PTBS) bei den Kindern in Verbindung gebracht (Bender et al. 2021). Es wird vermutet, dass auch internalisierende Symptome spätere Substanzkonsumstörungen begünstigen können. Substanzen werden in diesem Zusammenhang als Selbstmedikation gebraucht, um Angst- oder Depressionszustände zu lindern oder zu beseitigen (Lieberman 2000).

Im Kontext elterlicher Methamphetaminabhängigkeit fanden Haight et al. (2009), dass insgesamt 86 % der untersuchten Kinder neben internalisierenden und externalisierenden Syndromen insbesondere klinisch relevante Symptome einer PTBS aufwiesen. Klein et al. (2016) konnten im Rahmen von qualitativen Interviews mit methamphetaminabhängigen Eltern konkrete Verhaltensänderungen des Kindes durch die elterliche Suchterkrankung ermitteln: Als typische Verhaltensänderungen beim Kind wurden beobachtet: sozialer Rückzug, Ängste, Unsicherheit und Stimmungsschwankungen oder auch externalisierendes Verhalten außerhalb des familiären Kontextes, z.B. Aggressivität und Hyperaktivität im Zusammensein mit Gleichaltrigen.

Bei einer elterlichen Opiatkonsumstörung zeigen die in verschiedenen Literaturübersichten zusammengefassten Quer- und Längsschnittuntersuchungen (Englert & Ziegler 2001; Vassoler et al. 2016) übereinstimmend Wachstumsretardierungen sowie Wahrnehmungs- und Interaktionsstörungen in den ersten Lebensjahren der Kinder betroffener Mütter. Die intellektuelle Entwicklung schien nicht beeinträchtigt, in manchen Untersuchungen finden sich jedoch Hinweise auf Sprachentwicklungsverzögerungen. Im Schulalter zeigen sich in allen Studien erhöhte Aggressivität und Impulsivität, Störungen im Sozialverhalten, Schulprobleme, Delinquenz und früher Alkohol- und Drogenkonsum.

> **Merke**
> Kinder aus suchtbelasteten Familien sind eine besonders vulnerable Gruppe zur Entwicklung eigener Störungen durch Substanzgebrauch oder Verhaltenssüchte. Es besteht zudem ein besonderes Risiko, auch andere, vielfältige psychosoziale und körperliche Beeinträchtigungen aufzuzeigen.

5.2.3 Folgen von Verhaltenssüchten für Kinder aus belasteten Familien

In Zusammenhang mit Glücksspielstörungen beschrieben Meyer und Hayer (2005), wie viel Prozent der Personen mit Glücksspielstörung welche Spielform als problematisch erachten und wann der Erstkontakt zu dem Glücksspiel entstand. In 35 % der Fälle berichteten die Befragten, bereits als Minderjährige Zugang zu Karten- oder Würfelspielen, bei denen um Geld gespielt wurde, gehabt zu haben. 16 % stufen ihren Umgang damit heutzutage als problematisch ein. Nur knapp mehr, 39 %, hatten als Minderjährige Kontakt zu Spielen an Geldspielautomaten, jedoch beschreiben 79 % ihren Umgang mit denselben als problembehaftet. Oft geschahen die ersten Kontakte durch einen Vater, der Glücksspiele spielte – etwa im Kontext einer Gastwirtschaft an Glücksspielautomaten. Auch im Internet angebotene Glücksspiele – allem voran Poker und Sportwetten – sind für Jugendliche leicht verfügbar und bieten gerade Minderjährigen die Möglichkeit – bei etwas Geschick auch ohne Altersnachweis – zu spielen und vereinfachen damit den Zugang.

Die Einstellung von Freunden und Familienangehörigen wirkt sich auf das Verhalten von Jugendlichen aus und beeinflusst, ob sie selbst an Glücksspielen teilnehmen. Nach Dowling et al. (2017) spielen neben Motiven wie Geldgewinne zu erzielen, Unterhaltung und

Freude, Aufregung oder Eskapismus sowie spielende Eltern oder Peers bei der initialen Entscheidung zum Glücksspiel eine Rolle. Je nach Glücksspielform variieren die Erstkontakterfahrungen vermutlich. Glücksspieltolerante Einstellungsmuster der Eltern (z.B., weil sie selbst spielen) stellen einen von vielen umgebungsbezogenen Risikofaktoren dar, welche die Ausprägung einer späteren Glücksspielstörung des Kindes fördert (Dowling et al. 2017).

Bereits Lorenz und Shuttlesworth (1983) gaben Aufschluss über weitere psychische Folgen von elterlicher Glücksspielstörung für ihre Kinder. In ihrer Studie berichteten die befragten Ehefrauen, dass 25 % der Kinder unter Verhaltens- und Anpassungsschwierigkeiten litten (Meyer und Bachmann 2011). Dies spiegelte sich wieder in Schulschwierigkeiten, dem Weglaufen von zuhause und Kontakte der Kinder zu Alkohol, Drogen oder Glücksspielaktivitäten. Lesieur und Rothschild (1989) befragten 105 Kinder von Mitgliedern der anonymen Spieler bzw. Menschen mit Glücksspielstörung in professioneller Behandlung. In Familien, in denen allein eine elterliche Glücksspielstörung vorliegt, gab es einen hohen Anteil an Kindern, die einen hohen Bedarf an Erfolgserlebnissen, Akzeptanz und Anerkennung äußern oder bereits einen Suizidversuch unternommen haben. Kinder aus mehrfach belasteten Familien (elterliche Glücksspielstörung plus Störungen durch Substanzgebrauch) wiesen häufiger einen problematischen Umgang mit Alkohol sowie Schlafprobleme auf und berichten eher von Unsicherheiten im Kontakt mit Mitmenschen und Minderwertigkeitsgefühlen.

5.2.4 Umgebungs- und individuumsbezogene Schutzfaktoren für Kinder aus suchtbelasteten Familien

Obwohl ein Großteil der Studien eine besondere Gefährdung für Kinder aus suchtbelasteten Familien für die Entwicklung emotionaler Probleme und Verhaltensauffälligkeiten aufzeigt, konnten diese Befunde nicht in allen Untersuchungen repliziert werden. Ergebnisse der längsschnittlichen Greifswalder Familienstudie von Ulrich et al. (2010) zeigen beispielsweise, dass nur etwa 17 % der untersuchten Kinder aus alkoholbelasteten Familien im jungen Erwachsenenalter eine eigene Alkoholkonsumstörung aufzeigten. Auch konnten einige Studien keine erhöhten Raten von psychischen Störungsbildern bei Kindern aus suchtbelasteten Familien aufweisen (z. B. Schuckit et al. 2008). Eine Erklärung hierfür könnte zum Beispiel bei Querschnittstudien darin bestehen, dass zum jeweiligen Messzeitpunkt oftmals keine oder nur geringe Differenzen zwischen alkoholbelasteten und unbelasteten Gruppen bestanden, da sich Gruppenunterschiede erst im Laufe einer Längsschnittbeobachtung umfassend manifestieren (Barnow et al. 2001). Des Weiteren sind mögliche Selektionseffekte in Betracht zu ziehen, da häufig nur jene alkoholbelasteten Familien bzw. deren Kinder einer Studienteilnahme einwilligen, die trotz allem ein positives Bild von ihrer Familie und sich selbst vermitteln können und insgesamt nur geringe Belastungen aufweisen (Moesgen 2014).

Aus anderen Untersuchungen lässt sich ableiten, dass zwar eine Koinzidenz zwischen einer elterlichen Suchterkrankung und einer psychischen Symptombelastung der betroffenen Kinder besteht, die beiden Phänomene aber nicht in einem linearen bzw. direkten Zusammenhang miteinander stehen. Beispielsweise entdeckten Barnow et al. (2004) sowie Schuckit et al. (2000), dass psychische Auffälligkeiten von Kindern aus suchtbelasteten Familien vorhanden sind, aber nicht direkt durch die elterliche Substanzkonsum per se, sondern durch die damit einhergehenden oder daraus resultierenden herausfordernden Faktoren erklärt werden können, wie sie in ▶ Kap. 4 beschrieben wurden. Dies bestätigt eine aktuelle Längsschnittstudie von Hser et al. (2014), die über zehn Jahre hinweg die Entwicklung von Kindern von behandelten Müttern mit Drogenkonsumstörung verfolgte. Die Ergebnisse zeigen, dass zum letzten Messzeitpunkt fast ein Viertel der untersuchten Kinder psychische Störungen von klinischer Relevanz aufwies. Diese waren jedoch nicht direkt mit der mütterlichen Drogenkonsumstörung an sich assoziiert, sondern eher mit Beziehungsproblemen innerhalb der Familien oder anderen sozialen Kontakten sowie mit der psychischen Gesundheit der Mutter. Klein (2005) beschreibt ebenso eine Vielzahl von familiären Stressoren, die durch eine elterliche Suchterkrankung entstehen und im weiteren Verlauf eine pathologische Entwicklung beim betroffenen Kind begünstigen können, wie z.b. ein Klima der Kälte, Volatilität des elterlichen Verhaltens oder chronische Konflikte (siehe oben). Des Weiteren scheinen auch Faktoren innerhalb der Person des Kindes eine entscheidende Rolle dabei zu spielen, ob ein Kind aus einer suchtbelasteten Familie eine psychische Auffälligkeit entwickelt, wie beispielsweise Temperament (Ulrich et al. 2010) oder dysfunktionale Grundannahmen in Bezug auf die eigene Person (Moesgen 2014).

Es kann geschlussfolgert werden, dass die Transmission von Substanzkonsumstörungen und die Entwicklung von anderen psychischen Störungen nicht allein durch die elterliche Suchterkrankung zu erklären ist. Sie ist vielmehr als ein Zusammenspiel von individuumsbezogenen und umweltbedingten Faktoren zu betrachten, die sich meist als Konsequenzen der elterlichen Abhängigkeitsstörung und der damit verbundenen familiären Situation ergeben (Haber et al. 2010; Molina et al. 2010). Diese Annahme korrespondiert mit dem frühen Modell von Petermann (1997), welches postuliert, dass die Entwicklung eines Kindes durch das Vorhandensein von bestimmten Risiko- und Schutzfaktoren bestimmt wird, die sowohl kindbezogen (Vulnerabilität versus Widerstandsfähigkeit bzw. Resilienz) als auch umgebungsbezogen (z.B. u.a. Stressoren versus u.a. soziale Unterstützung) sein können.

Eine nähere Betrachtung von potenziellen Schutzfaktoren erscheint somit auch oder sogar insbesondere im Kontext von Kindern aus suchtbelasteten Familien immer mehr von Bedeutung. Als erste Pionierstudie zur Resilienzforschung gilt die Kauai-Studie (Werner 1992, 1993; Werner und Smith 1982). Im Rahmen dieser entwicklungspsychologischen Langzeitudie wurde die physische, kognitive und soziale Entwicklung einer Kohorte in einem abgegrenzten Territorium der Insel Kauai des Hawaii-Archipels untersucht. Die Kauai-Studie verfolgte die Entwicklung von knapp 700 Kindern und definierte jene Kinder als besonders vulnerable Kinder, die vier oder mehr Risikofaktoren bis zum Alter von zwei Jahren aufwiesen. Von diesen vulnerablen Kindern zeigten zwei Drittel im Alter von zehn Jahren mittelgradige oder schwerwiegende bzw. chronische Lern- und Verhaltensstörungen, oder sie wurden bis zum 18. Lebensjahr straffällig bzw. psychiatrisch auffällig. Ein Drittel der untersuchten Kinder entwickelte sich jedoch trotz Belastungen unauffällig. Werner (1992, 1993) bezeichnet diese Kinder, die psychisch besonders widerstandsfähig waren, zunächst als »invulnerabel«. Später wurde das Bild einer absoluten Unverletzbarkeit zugunsten einer relativen Verletzlichkeit aufgegeben. Ihre Studie und folgende Studien (z. B. Bender & Lösel 1998) zeigten außerdem, dass potenzielle Schutzmechanismen insbesondere dann von großer Bedeutung sind, wenn eine Vielzahl von Risikofaktoren kumuliert. Je mehr objektive und subjektive Belastungen vorliegen, desto mehr Schutzmechanismen sind seitens der Kinder erforderlich; aber je mehr Risikofaktoren vorliegen, desto geringer sind auch die verbleibenden Wirkungsmöglichkeiten für Schutzmechanismen.

Velleman und Templeton (2016) haben in verschiedenen Studien Schutzfaktoren für Kinder aus suchtbelasteten Familien überprüft und in einer Übersichtsarbeit zusammengefasst. Sie unterschieden dabei zwischen familienspezifischen Faktoren wie das elterliche Erziehungsverhalten, weiteren Umwelt- und sozialen Faktoren und individuellen Merkmalen des Kindes.

Zu den relevanten Schutzfaktoren im Kontext des familiären Umfeldes und des elterlichen Erziehungsverhaltens zählen:

- unterstützende und vertrauensvolle Beziehung zu einem stabilen (nicht substanzkonsumierenden) Erwachsenen (z. B. außerhalb der Kernfamilie)
- enge positive Bindungen zu mindestens einem Erwachsenen in einer fürsorglichen Rolle (z. B. dem anderen Elternteil, Geschwistern, Großeltern)
- frühe und kompensatorische Beziehungserfahrungen mit primären Bezugspersonen in den ersten Lebensjahren

- wenig Trennungserfahrung von der primären Bezugsperson im ersten Lebensjahr
- Zuneigung von Mitgliedern in der erweiterten Familie
- elterliche Selbstwirksamkeit sowie gutes Selbstwertgefühl der Eltern
- Traditionen und Rituale (kulturell, religiös, familiär) innerhalb der Familie
- Beständigkeit und Stabilität im Familienalltag (z. B. soziales Leben, Rituale, Rollen, Routinen)
- mit der Familie gemeinsam verbrachte Zeit
- Offenheit und gute Kommunikation innerhalb der Familie, einschließlich offener und angemessener Diskussion familiärer Probleme
- Kind übernimmt (altersangemessene) familiäre Verpflichtungen
- kleine Familiengröße, größere Altersunterschiede zwischen Geschwistern
- keine angespannte finanzielle Situation, stabiles Einkommen, stabile häusliche Umgebung
- konstruktive Bewältigungsstile und bewusstes elterliches Handeln, um negative Erfahrungen für Kinder zu minimieren
- Kenntnisse über Schutzfaktoren
- starke Familiennormen und moralische Werte
- Merkmale und positiver Erziehungsstil der Eltern (Gleichgewicht zwischen »Fürsorge« [elterliche Unterstützung, Wärme, Fürsorge, Bindung, Akzeptanz, Zusammenhalt und Liebe] und »Kontrolle« [Beaufsichtigung, Klarheit über Regeln und Grenzen, elterliche Disziplin], angemessene Bestrafungen)
- angemessene, aber hohe Erwartungen an das Kind durch die Eltern sowie klare und offene Kommunikation dieser Erwartungen (bzgl. Substanzkonsum, aber auch allgemein) sowie eine mögliche Beanstandung, wenn die Erwartungen nicht erfüllt werden
- Eltern dienen als Modell für Verhaltensweisen, die von ihren Kindern erwartet oder gewünscht werden
- Ausbleiben von häuslicher Gewalt/Missbrauch, kein Zerfall der Familie und damit verbundenen Verlusten

In einer früheren Publikation weisen Velleman und Templeton (2009) darauf hin, dass eine elterliche Substanzgebrauchsstörung von geringer Intensität und kürzerer Dauer sowie eine erfolgreich absolvierte Behandlung ebenfalls als wichtige Schutzfaktoren für betroffene Kinder betrachtet werden können. Darüber hinaus ist es weniger wahrscheinlich, dass Kinder von der elterlichen Substanzkonsumstörung beeinträchtigt werden, wenn Drogenutensilien von den Kindern ferngehalten werden und der Substanzkonsum nicht vor den Kindern, sondern vorzugsweise außerhalb des Hauses stattfindet.

Im Hinblick auf das soziale Umfeld sind laut Velleman und Templeton (2016) vor allem Faktoren wie Beziehungen außerhalb der Familie, ein unterstützendes soziales Umfeld und kulturelle Faktoren relevant. Als entsprechende Schutzfaktoren werden betrachtet:

- kulturelle Verbundenheit, Werte und Identität
- Unterstützung durch einen Erwachsenen außerhalb der Kernfamilien, der als Vorbild gilt (z. B. Lehrer, Trainer, Nachbar)
- enge, vertrauensvolle Freundschaften und Beziehungen zu Gleichaltrigen mit der Möglichkeit, mit ihnen über die Probleme zu Hause zu sprechen
- Leben in einer Gemeinschaft, in der ein Gefühl der Fürsorge und des gegenseitigen Schutzes herrscht
- Engagement in einer Gemeinschaft und unterstützende soziale Netzwerke, starke Bindungen an eine lokale Gemeinschaft
- positive Erfahrungen in und Einfluss durch die Schule, Chancen durch Bildung und Beschäftigung, außerschulische/gemeinschaftliche Aktivitäten
- regelmäßiger Besuch der Schule, Erbringung von schulischen Leistungen, Beaufsichtigung des Fortschritts und Anerkennung des Erfolgs durch relevante Personen
- angemessene Erwartungen und Disziplin der Lehrer
- Chancen und Gelegenheiten in bedeutsamen Phasen der Entwicklung
- Unterstützung durch wichtige kommunale Dienste wie das Gesundheitswesen

Zu den individuellen Resilienzfaktoren zählen:

- interne Kontrollüberzeugung, i. e. das Gefühl, dass Kinder ihre Umstände verändern können und die Macht haben, ihre Situation zu ändern
- »aktive Entscheidungsfreiheit« bei der Auswahl an Bewältigungsstrategien, der Suche nach Unterstützung und der Entscheidung, was und mit wem sie über ihre Situation sprechen möchten
- persönliche Qualitäten und soziale Fertigkeiten (z. B. angemessener Ausdruck von Gefühlen, funktionale Emotionsregulation, breites Wissen, Selbstreflexion, einfaches Temperament, Selbstwirksamkeit)
- ein Hobby oder ein kreatives Talent haben oder sich an externen Aktivitäten oder Interessen beteiligen (z. B. Sport, Singen, Tanzen, Schreiben, Theater, Malen) (im Grunde alles, was dem Kind ein Erfolgserlebnis und/oder Anerkennung von anderen für die Bemühungen bereiten kann)
- Fähigkeiten zur Selbstbeaufsichtigung und Selbstkontrolle
- Bewältigungs- und Problemlösungsfähigkeiten sowie die Fähigkeit, über die Bewältigung nachzudenken und Entscheidungen über diese zu treffen
- Pläne für die Zukunft, Hoffnung auf eine bessere Zukunft
- intellektuelle Fähigkeiten
- Sinn für Humor
- Gefühl der Stärke im Hinblick auf die elterliche Substanzkonsumstörung, d. h. keine übermäßige Identifikation mit Störung des Elternteils, psychologische/emotionale Distanz
- Wahrnehmung, was einen »Missbrauch« von Substanzen ausmacht, gute Kenntnisse zur und Verständnis für das elterliche Störungsbild
- kein eigener Alkohol- und/oder Drogenkonsum
- Herstellung eines balancierten Gleichgewichts zwischen der Unterstützung der Eltern und Selbstfürsorge
- Religion oder Glaube an Gott

Wlodarczyk et al. (2017) führten ein systematisches Review zu Schutzfaktoren bei Kindern von Eltern mit Substanzkonsumstörungen durch und konnten die Ergebnisse von Velleman und Templeton (2016) replizieren und spezifizieren. Als Schutzfaktoren für betroffene Kinder können ihrer Studie zufolge noch weitere kindliche, familiäre und elterliche sowie umweltbedingte Faktoren validiert werden: Die Fähigkeit des Kindes, sich auf Erwachsene einzulassen, eine sichere Eltern-Kind-Bindung, ein starker Zusammenhalt und Anpassungsfähigkeit innerhalb der Familie, geringer Erziehungsstress, eine akzeptierende Mutter und eine hohe soziale Unterstützung für das Kind. Wlodarczyk et al. (2017) konnten darüber hinaus biologische Schutzfaktoren identifizieren, d.h. eine erhöhte Aktivierung im orbitalen Frontalgyrus und der linken Insula sowie eine abgeschwächte Aktivierung des mesolimbischen Systems.

Es sollte jedoch beachtet werden, dass Resilienzfaktoren nicht nur auf Individualebene betrachtet werden können, sondern auch auf der Ebene des Familiensystems. Erste Ansätze zur Systematisierung familiärer Resilienzfaktoren wurden von Walsh (2003) durchgeführt und charakterisierten die familiäre Resilienz durch gemeinsame Überzeugungen, Organisationsstrukturen und Kommunikation/Problemlösung innerhalb der Familie. Walshs Modell wurde im Kontext elterlicher Alkoholbelastung validiert und eine höhere Familienresilienz wurde mit einem positiveren Erziehungsverhalten (Coyle et al. 2009) und einem geringeren Erziehungsstress in besonders vulnerablen Familien (Kim et al. 2020) in Zusammenhang gebracht.

Die Befunde zu Resilienz und Coping bei Kindern aus suchtbelasteten Familien sind sicherlich zu einem Teil auch auf andere Angehörige von Menschen mit Suchterkrankungen übertragbar und spielen damit auch in anderen Angehörigengruppen in der Ätiologie von psychischer Symptombelastung eine bedeutsame Rolle. Wichtig ist, dass die Identifizierung von Risiko- und Resilienzfaktoren der Konzeptualisierung präventiver und therapeutischer Maßnahmen für Kinder und anderen Angehörigen dient und damit unerlässlich ist.

5 Auswirkungen der Suchterkrankung auf die Angehörigen

> **Merke**
> Für Kinder aus suchtbelasteten Familien (und andere Angehörige) ist die Stärkung gegenüber psychischen Stressfaktoren, i.e. die Förderung von Resilienzen und umgebungsbezogenen Schutzfaktoren, eine wichtige Methode zur Erhaltung und Förderung der psychischen Gesundheit.

6 Modelle zur Erklärung des Angehörigenverhaltens

Im Folgenden werden theoretische Modelle zur Erklärung von (in erster Linie erwachsenem) Angehörigenverhalten vorgestellt und diskutiert. Ein besonderer Fokus wird zunächst auf die Rolle des Störungsbildes der dependenten Persönlichkeitsstörung und das Konzept der Co-Abhängigkeit gelegt, da diese Ansätze in den vergangenen Jahren vermehrt wegen der Bedeutung, die sie angeblich vor allem für Partnerinnen von Männern mit Alkoholkonsumstörung besitzen, zu Recht kritisiert wurden (z. B. wegen einer angenommenen Beteiligung bei der Aufrechterhaltung der Störung). Aktuellere Konzepte wie das »Stress-Strain-Coping-Support Model« (SSCS) von Orford (2010b) betonen die Belastungen und physischen und psychologischen Beeinträchtigungen, die Familienmitglieder aufgrund der Suchterkrankung eines Angehörigen erleiden. Dabei wird der Alltag der Angehörigen primär unter dem Blickwinkel von Alltagsstress und Hyperstress gesehen. Der Fokus ist somit von der Rolle der Angehörigen bei der Aufrechterhaltung von Suchterkrankungen zu der eigenen Betroffenheit der Angehörigen übergegangen.

> **Merke**
> Partner von Personen mit Suchterkrankung sind eine heterogene Gruppe mit unterschiedlichen psychischen Problemlagen, die sich als Folgen des dauerhaften Stresses im Zusammenleben mit einer betroffenen Person einstellen können.

6.1 Dependente Persönlichkeitsstörung

Laut Disney (2013) ist die dependente Persönlichkeitsstörung eine der am wenigsten untersuchten Persönlichkeitsstörungen. Es mangelt an methodisch anspruchsvollen Studien, um eine belastbare Evidenz des Konzepts aufzubauen. Bis zu einem gewissen Grad ist der Mensch sein ganzes Leben hindurch abhängig; Menschen sind soziale Wesen, die sich für ihr Überleben auf andere Personen verlassen müssen. Dies ist eingängig beim Säugling in Bezug auf die Mutter, aber auch im hohen Alter, wo die Fähigkeit zur Selbstständigkeit im Zweifelsfall rapide nachlässt. Insofern ist abhängiges Verhalten in vielen Kontexten menschlicher Existenz normal oder sogar überlebensnotwendig. Um zu beurteilen, ob es sich um ein klinisch relevantes Verhalten handelt, bedarf es der Berücksichtigung kontextueller und funktionaler Merkmale.

Laut Fiedler und Herpertz (2016) sind drei Kernmerkmale der dependenten Persönlichkeitsstörung festzuhalten:

* unangemessene Passivität
* Unterwürfigkeit
* geringes Selbstvertrauen

Disney (2013) fasst in einem Review zur dependenten Persönlichkeitsstörung die historische Entwicklung der Diagnose zusammen. Bereits in frühen Arbeiten von Freud wurde demnach eine erhöhte und sozial unpassende Abhängigkeit als Manifestation einer fehlenden Entwicklung in der oralen Phase konzeptualisiert. Das erste DSM (1952) beinhaltete keine distinkte Kategorie für die dependente Persönlichkeitsstörung, erste Ansätze finden sich jedoch in der Beschreibung der »hysterischen Persönlichkeit« – welche sich später zur Histrionischen Persönlichkeitsstörung weiterentwickelte. Die betroffenen Personen wurden unter anderem als abhängig von anderen beschrieben.

6.1 Dependente Persönlichkeitsstörung

Die dependente Persönlichkeitsstörung mit den oben genannten Merkmalen wurde mit dem DSM-III (APA 1980) erstmals fest in das Diagnosemanual integriert. Im aktuellen DSM-5-TR ist die Störung wie folgt beschrieben:

Dependente Persönlichkeitsstörung nach DSM-5-TR[4]
Die Betroffenen zeigen ein tiefgreifendes und ausgesprochen starkes Bedürfnis, versorgt zu werden, das zu unterwürfigem und anklammerndem Verhalten mit Trennungsängsten führt. Der Beginn der Störung liegt im frühen Erwachsenenalter, und das Muster zeigt sich in vielen unterschiedlichen Alltagssituationen. Mindestens fünf der folgenden acht Kriterien müssen erfüllt sein:

1. Schwierigkeiten, alltägliche Entscheidungen zu treffen, ohne ausgiebig den Rat und die Bestätigung anderer einzuholen.
2. Andere müssen Verantwortung für wichtige Lebensbereiche übernehmen.
3. Schwierigkeiten, anderen gegenüber eine andere Meinung zu vertreten wegen der Angst, Unterstützung und Zustimmung zu verlieren. (Beachte: hier bleiben realistische Ängste vor Bestrafung unberücksichtigt)
4. Schwierigkeiten, selbst Entscheidungen zu treffen, Unternehmungen eigenständig zu beginnen oder Dinge unabhängig durchzuführen
5. Tut alles Mögliche, um die Versorgung und Zuwendung anderer zu erhalten bis hin zur freiwilligen Übernahme unangenehmer oder selbstabwertender Tätigkeiten
6. Angst vor Alleinsein aus Hilflosigkeitsgefühl oder übertriebener Angst, nicht für sich selbst sorgen zu können
7. Eine andere Beziehung wird schnellstens als Quelle der Fürsorge und Unterstützung benötigt, wenn eine enge Beziehung endet.

---

4 *Hinweis:* Dies ist keine wörtliche Wiedergabe der Kriterien – diese finden Sie in APA 2022.

8. In unrealistischer und übertriebener Weise von Ängsten eingenommen sein, verlassen zu werden und für sich selbst sorgen zu müssen

Ein ähnliches Symptommuster aus mangelnder Kompetenz oder fehlender Bereitschaft Verantwortung zu übernehmen bzw. Ansprüche gegenüber Personen, zu denen eine Abhängigkeit besteht, durchzusetzen, wird im ICD-10 (Dilling, Mombour & Schmidt 2015) als »Abhängige Persönlichkeitsstörung« bezeichnet und entspricht größtenteils der dependenten Persönlichkeitsstörung im DSM-5-TR.

Dabei war die Aufnahme der dependenten Persönlichkeitsstörung in das DSM-5 nicht unumstritten. Die DSM-5-Arbeitsgruppe strich diese zunächst in ihrem Alternativmodell. Ein hohes Funktionsniveau von Personen ist bei genauem Hinsehen durch genau einige der Eigenschaften gekennzeichnet, die die dependente Persönlichkeitsstörung auszeichnen: loyal, solidarisch, akzeptierend ohne Vorurteile, selbstkritisch und zurückhaltend sowie anderen gerne den Vortritt lassend (Fiedler & Herpertz 2016). Bei der Behandlung rücken oftmals andere psychische Störungen wie soziale Ängste oder Selbstunsicherheiten in den Mittelpunkt, die gerade dazu führen, dass sich betroffene Personen ausnutzen lassen. Durch eine Behandlung der ängstlich-vermeidenden Anteile ist zu erwarten, dass sich die Dependenz in Richtung Normalität entwickelt (Fiedler & Herpertz 2016). Daher war die DSM-5-Arbeitsgruppe der Ansicht, die dependente Persönlichkeitsstörung mit der selbstunsicher-vermeidenden Persönlichkeitsstörung zusammenlegen zu können.

Die größte Kritik erhielt die Diagnosekategorie wegen ihres vermeintlichen Geschlechtsbias (z. B. Kaplan 1983). Es werden i. d. R. mehr Frauen mit dependenter Persönlichkeitsstörung diagnostiziert als Männer. Mögliche Erklärungen beinhalten, dass (Disney 2013)

- die Kriterien selbst eine entsprechende Verzerrung beinhalten oder

6.1 Dependente Persönlichkeitsstörung

- die Kriterien zwar keine entsprechende Verzerrung beinhalten, Kliniker sie jedoch als mehr oder weniger maladaptiv interpretieren, je nachdem ob sie von einem Mann oder einer Frau berichtet werden

Neuere Versionen des DSM gingen teilweise auf diese Kritik ein, jedoch ist laut Fiedler und Herpertz (2016) die Bereitschaft, »typisch männliche« Merkmale von Dependenz mit einzubeziehen, eher gering. Ihnen zufolge erklärt sich der Geschlechtsbias in den Prävalenzraten durch die Geschlechtsverteilung in den Institutionen, in denen die Störung untersucht wurde. Es werden nur dann mehr Frauen mit dependenter Persönlichkeit gefunden, wenn mehr Frauen als Männer untersucht werden. Darüber hinaus begeben sich betroffene Personen häufig wegen komorbider Störungen wie Depressionen, Generalisierter Angststörung (GAS) und Phobien in Behandlung, bei welchen der Anteil an Frauen dominiert. Auch ist denkbar, dass sich in der Folge bestimmter neurotischer psychischer Störungen, wie z. B. der Generalisierten Angststörung, dependente Symptome im Sinne einer dysfunktionalen Krankheitsbewältigung erst entwickeln.

Disney (2013) fasst die minimalen Befunde zur Ätiologie der dependenten Persönlichkeitsstörung wie folgt zusammen: Variablen, die eine spätere Störung beeinflussen sollen, sind die familiäre (Modelllern-)Umgebung, soziales Lernen, eine schwere Erkrankung in der Kindheit und biologische Prädisposition. Häufig wird auch bindungstheoretisch argumentiert und ein ängstlich-vermeidender Bindungsstil mit einer späteren Entwicklung der dependenten Persönlichkeitsstörung in Zusammenhang gebracht. Unter anderem Bornstein (2012) argumentiert aber klar für eine Trennung dieser beiden Konstrukte.

Ein Großteil der Literatur zur dependenten Persönlichkeitsstörung betont die Passivität und Manipulierbarkeit der Betroffenen. Bornstein (2012) argumentiert, dass das Hauptaugenmerk der Individuen mit dependenter Persönlichkeitsstörung auf das Herbeiführen und den Erhalt stark kümmernder Beziehungen gerichtet ist. Daher kann ein dependenter Persönlichkeitsstil sowohl mit aktiven als auch passiven Verhaltensweisen einhergehen und in bestimmten Kontexten sogar förderlich sein (z.B. beim Herbeiführen von Compliance in medizinisch oder psychologisch therapeutischen Settings). Ein niedriges Selbstwertgefühl und der Eindruck, sein Leben nicht selbst in der Hand zu haben, motiviert dazu, sich einen Partner zu suchen, der Führung, Unterstützung und Schutz verspricht. Laut Bornstein (1995) tritt aktives, nicht passives Verhalten eher dann auf, wenn

1. um die Güte und Pflege einer Bezugsperson konkurriert werden muss,
2. dominantes Verhalten einer Autoritätsfigur gefallen könnte oder
3. Hilfe/Unterstützung von einer Bezugsperson gesucht wird.

Das erste Erklärungsmodell zur dependenten Persönlichkeitsstörung stammt aus Freuds psychoanalytischer Theorie. In den folgenden, psychodynamisch geprägten Ansätzen, die sich mit den Partnerinnen von Männern mit Alkoholkonsumstörung befassten, dominierte der Blick auf psychisch beeinträchtigte Frauen, die nicht nur Partner mit Belastungen wählen, sondern auch zu seiner bestehenden Suchterkrankung beitragen, was in den vergangenen Jahren vermehrt zu Kritik an diesem Ansatz geführt hat (Peled und Sacks 2008). Bezogen auf Partnerschaften, in denen eine Person eine Alkoholkonsumstörung aufweist, wurde im Sinne der dependenten Persönlichkeitsstörung argumentiert, dass Partner (i.d.R. Ehefrauen) eine entsprechende Anfälligkeit aus ihrer Herkunftsfamilie mitbringen (siehe Schild 2012). Die Beschäftigung mit dem Partner und seiner Alkoholkonsumstörung diene u.a. dem eigenen Selbstvertrauen und der Identität (Peled & Sachs 2008).

Ein weiteres Untersuchungsgebiet beschäftigt sich mit dem Zusammenhang zwischen dependenter Persönlichkeitsstörung und dem Verbleib in einer belasteten Partnerschaft. Trotz wiederkehrender Kritik an der damit einhergehenden Viktimisierung von Angehörigen beschreiben auch Coolidge und Anderson (2002), dass die dependente Persönlichkeitsstörung mit 21% die häufigste Persönlichkeitsstörung bei Frauen ist, die sich in einer wiederholt missbräuchlichen Partnerschaft befinden (N = 42), verglichen mit Frauen, die bisher nur eine solche Partnerschaft erlebt haben/erleben (N = 33), und einer Kontrollgruppe (N = 52).

In den 60er- und 70er-Jahren wurden psychodynamische Ansätze vermehrt durch prominenter werdende behaviorale und soziale Lernmodelle ersetzt. Sie riefen die Rolle von elterlichem Verstärkungsverhalten und Beziehungsdynamiken in den Vordergrund. Die kognitive Verhaltenstherapie untersucht auch die Rolle der Kindheit in der Entstehung, aber weitet den Betrachtungshorizont über die primäre Analyse der Eltern-Kind-Beziehung hinaus aus. In der Kindheit entwickelte selbstbezogene, dysfunktionale Grundannahmen unterliegen aktuellen Kognitionen, maladaptiven Emotionen und Verhaltensmustern. Das Selbst wird als »schwach« und ineffektiv erlebt und entsprechende selbstbezogene Kognitionen herrschen vor, was ein gering ausgeprägtes Selbstbewusstsein sowie eine erhöhte Ängstlichkeit im Erwachsenenalter nach sich zieht.

Merke
Bei Partnern von Menschen mit Suchterkrankung kann – bei begründetem Verdacht – ein besonderes Augenmerk auf das Vorhandensein einer dependenten Persönlichkeitsakzentuierung oder Persönlichkeitsstörung gelegt werden.

6.2 Co-Abhängigkeit

Neben persönlichkeitsbezogenen Erklärungsansätzen existieren primär systemische Erklärungsansätze. Diese betrachten die Suchterkrankung eines Familienmitglieds als Resultat dysfunktionaler Familienbeziehungen. Partner können komplementäre Rollen in der Aufrechterhaltung der Suchterkrankung als »Retter«, »Problemlöser« oder »Märtyrer« (Bepko & Krestan 1985) spielen. Diese Überlegungen legten in einer einseitigen Betrachtung systemischer Beziehungen den Grundstein für das Konzept der Co-Abhängigkeit.

Der Begriff der Co-Abhängigkeit wird in der Literatur nicht einheitlich verwendet, bezieht sich jedoch immer auf eine dysfunktionale Rolle der Angehörigen von Menschen mit Suchterkrankung bei der Entstehung, Verstärkung und Aufrechterhaltung der Störung (DHS 2013a; Uhl und Puhm 2007). Er stammt ursprünglich aus dem Bereich der Alkoholkonsumstörung, wurde in seinem Geltungsbereich aber immer weiter ausgedehnt, bis hin zur (Über-)Interpretation als umfassendes gesellschaftliches Phänomen (Galliker, Grivel, Klein & Schendera 2004). Laut Fengler (2002) wurde Co-Abhängigkeit zunächst als »zwanghafte Reaktion auf dauernde Anspannung, die das Leben mit einem süchtigen Familienmitglied mit sich bringt« (S. 100) angesehen, die oft mit behandlungsbedürftigen Krankheitssymptomen, wie emotionaler Taubheit, einhergeht. Das Konzept erlangte zunächst bei den Anonymen Alkoholikern Bekanntheit, findet sich aber auch in einer Reihe von anderen Lebensbereichen, wie am Arbeitsplatz, in der Behandlung, im Freundeskreis oder in der Familie (Fengler 2002). Es kann sich z.B. darin äußern, dass Angehörige auf der Arbeitsstelle der betroffenen Person anrufen und ihn aus falschen Gründen entschuldigen, wenn dieser infolge von Intoxikationszuständen nicht dorthin gehen kann oder dass Kinder nicht altersgemäße Aufgaben übernehmen, um ausfallende Elternteile zu ersetzen (Fengler 2002). Das Konzept wurde durch Befunde, die zeigen konnten, dass Töchter aus suchtbelasteten Familien zweimal so häufig selbst einen Partner mit Substanzkonsumstörung heiraten wie Frauen ohne diese Erfahrung, unterstützt (Schuckit, Tipp & Kelner 1994). Allerdings findet sich der Aspekt der selektiven Partnerwahl nur bei Töchtern, nicht bei Söhnen (Klein 2000; Zobel 2006). Die Idee einer übermäßigen Partnerzentriertheit von Partnerinnen Alkoholabhängiger konnte in einer Schweizer Studie allerdings empirisch nicht bestätigt werden (Galliker et al. 2004). Ausgehend von der Beobachtung der uneinheitlichen Verwendung des Begriffes Co-Abhängigkeit, stellen die Autoren die Frage, ob das Konzept nur für den Suchtbereich zu benutzen ist oder

1. darüber hinaus erweiterbar ist und/oder
2. soziale und ökonomische Faktoren miteinzubeziehen sind.

In einer telefonisch interviewten Stichprobe von 160 Frauen aus dem Raum Zürich fand sich, dass sich Frauen von Männern mit Substanzkonsumstörung häufiger verbal von ihren Partnern distanzierten, aber ein gleiches Maß an Partnerzentriertheit aufwiesen wie Frauen mit einem Partner ohne Substanzkonsumstörung. Auf Basis des Konstruktes der Co-Abhängigkeit müssten Frauen von Männern mit Alkoholanhängigkeit jedoch besonders partnerzentriert sein (Galliker et al. 2004). Aufgrund der fehlenden empirischen Absicherung des Co-Abhängigkeitsmodells könnte daher die Nutzung des Konzepts der Partnerzentriertheit vorteilhaft sein, dabei aber ohne Verweis auf sogenannte co-abhängige Verhaltensweisen. Partnerzentriertheit stellt ein weniger stigmatisierendes und psychologisch genauer beschreibendes Konzept der vorhandenen Problematik dar als der diffuse Begriff der Co-Abhängigkeit.

Hilfreich an dem Konzept der Co-Abhängigkeit ist jedoch anzumerken, dass es Betroffenen auf beiden Seiten einen Perspektivwechsel ermöglicht. Laut Fengler (2002) kann eine Person mit Substanzkonsumstörung so erkennen, dass Personen in seinem Umfeld in ähnlicher Weise betroffen sind wie er selbst, »er erkennt, dass er Täter und Opfer des Geschehens ist.« (S. 104). Der »co-abhängige« Mensch auf der anderen Seite kann lernen, konstruktiv Hilfe zu leisten und sich selbst und seine psychische Gesundheit zu schützen. Das Konzept der Co-Abhängigkeit kann als didaktisches Werkzeug genutzt werden, um Partnern Hinweise auf den besonderen Beziehungszusammenhang zu geben, in dem sich ihr Verhalten entwickelt hat (Rennert 2005). Trotzdem sind sie nur einer von vielen sozialen Einflüssen. Darüber hinaus spielen individuelle Besonderheiten und Einflüsse des Suchtmittels selbst eine nicht zu unterschätzende Rolle bei der Entstehung, Verstärkung und Aufrechterhaltung einer Suchterkrankung.

Uhl und Puhm (2007) sowie Rennert (2005) kritisieren aber neben der inflationären Verwendung des Begriffs, dass er Angehörige pauschal in die Rolle von Schuldigen, Tätern und »Komplizen der Sucht« drängt und darüber hinaus eine latent dependente Persönlichkeitsstruktur postuliert (Klein und Bischof 2013). Dabei beläuft sich der Anteil der Partnerinnen alkoholabhängiger Männer, die eine klinisch relevante Persönlichkeitsstörung aufweisen (meist aus dem Cluster C des DSM-5-TR: dependent oder selbstunsicher), mit 15 % (wenngleich gegenüber der Normalbevölkerung erhöht) insgesamt auf keinem hohen Niveau (Klein 2002). Klein und Bischof (2013) betonen, dass somit weder die Hypothese des von Dependenz gekennzeichneten Krankheitsprozesses bei Angehörigen noch die von einer ausgeprägten Partnerzentrierung von Partnerinnen, noch das Konstrukt der Co-Abhängigkeit per se oder als Persönlichkeitsstörung aufrechterhalten werden darf und dass das Konzept insgesamt als forschungshemmend und kontraproduktiv zu bezeichnen ist. Sie negieren die Möglichkeit der Flexibilität und Adaptivität des Angehörigenverhaltens als Reaktion auf chronischen Stress. Angehörige zeigen jedoch eine Vielzahl an Verhaltensweisen, je nach Situation, Anforderungen, Geschlecht, Persönlichkeit und Phase der Krankheitsentwicklung.

Inzwischen distanziert sich auch Rennert (2013) vom Konzept der Co-Abhängigkeit und schließt sich Uhl und Puhm (2007) an, die die eindeutigere Bezeichnung »suchtförderndes Verhalten« vorziehen und auf unklare und stigmatisierende Ausdrücke wie »co-abhängiges Verhalten« und »Co-Abhängigkeit« verzichten. In der neueren Literatur wird auch – noch differenzierter – von »unbeabsichtigt suchtstabilisierendem Verhalten« gesprochen (Hornig und Nels-Lindemann 2024). Die neueren Konzepte zum Angehörigenverhalten – vor allem das der Partnerzentriertheit – weisen den Vorteil geringerer Negativstigmatisierung auf und sollten in Zukunft stärkere Verwendung finden.

> **Fazit**
> Das Konzept der Co-Abhängigkeit hat wenig konkreten Erklärungswert, da es sehr heterogene, bisweilen unklare Bedeutungen aufweist. Dennoch kann es für Angehörige entlastend wirken.

6.3 Stress- und Coping-Ansätze

Eine zu präferierende Alternative zum Konzept der Co-Abhängigkeit ist das »Stress-Strain-Coping-Support Model« (SSCS) von Orford et al. (2010b), welches aus der Tradition des transaktionalen Stress-Modells von Lazarus und Folkman (1984) entwickelt wurde. Es bildet unterschiedliche Bewältigungsstrategien ab, welche betroffene Angehörige (zumindest zeitweilig) gegenüber den Betroffenen mit Suchterkrankung aufweisen (z. B. die Situation erdulden, standfest bleiben, sich zurückziehen), und die mit spezifischen Unterstützungsbedarfen einhergehen können.

Diesem Modell zufolge befinden sich Angehörige von Menschen mit Suchterkrankungen aufgrund der chronischen Erkrankung des Familienmitglieds in einer dauerhaft hoch belasteten Lebenssituation (*Stress*), wodurch sie hohen Beanspruchungen (*Strain*) im Alltag ausgesetzt sind. Die Auswirkungen der belastenden Situation können durch geeignete Bewältigungsstrategien (*Copings*) und soziale Unterstützung (*Support*) moderiert werden (▶ Abb. 1). Was die Bewältigungsstrategien betrifft, unterscheiden Orford et al. (2010b) zwischen drei grundsätzlichen Möglichkeiten:

1. *Engagiertes Coping*, z. B. durch Ansprache der betroffenen Person und Mitteilen der Erwartungen an ihn hinsichtlich des familiären Zusammenlebens und konsumbezogenen Verhaltens; klare Grenzziehungen bei nicht akzeptablem Verhalten und bei Rück-

fällen; gemeinsame Klärungsbemühungen bezüglich der relevanten Konflikte
2. *Tolerant-akzeptierende Bewältigungsstrategien*, z.B. die Situation als gegeben und unveränderlich wahrnehmen, folgenlose Drohungen aussprechen, Entschuldigungen für das Fehlverhalten des Partners finden und sich damit beruhigen
3. *Zurückziehend-eigenverantwortliche Bewältigungsstrategien*, z.B. eigene Interessen und Hobbies verfolgen, Selbstfürsorge, den Suchtkranken in der Wichtigkeit hintanstellen, sich im Alltag vom suchtkranken Partner zurückziehen

Jeder dieser Coping-Mechanismen weist spezielle Vor- und Nachteile auf. Im Regelfall wird das engagierte Coping als besonders funktional bewertet, vor allem im Hinblick auf die psychische Gesundheit des Angehörigen.

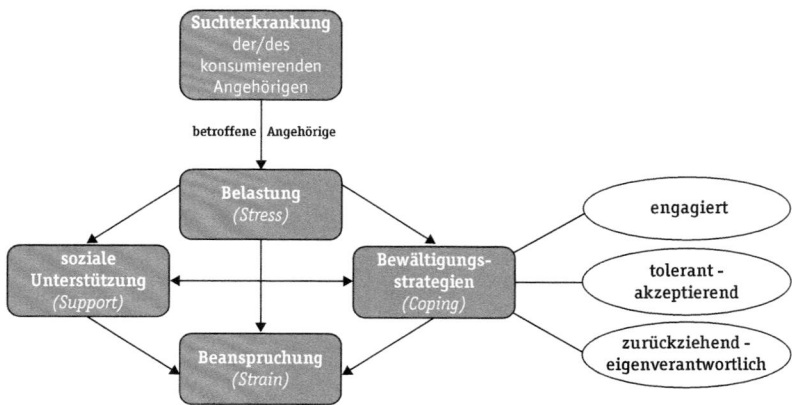

Abb. 1: Das Stress-Strain-Coping-Support-Modell nach Orford et al. (2010b) (Buchner 2015, mit freundlicher Genehmigung von Ursula Buchner)

Die oben beschriebenen Ergebnisse zu den Konsequenzen des Zusammenlebens mit einer Person mit Suchterkrankung unterstützen den Stress-Coping-Ansatz. Eine Suchterkrankung löst bei Angehörigen chronifizierende Stressreaktionen aus und mündet so – bei maladaptiven Coping-Strategien und geringer sozialer Unterstützung – in gesundheitlichen Symptomen mit Krankheitswert (Barnard 2007).

> **Merke**
> Insbesondere stresspsychologische Modelle können Angehörigenverhalten erklären und einen Beitrag zur aktiven Bewältigung der Situation beisteuern.

7 Unterstützungs- und Behandlungsansätze

Angehörige von Menschen mit Suchterkrankungen weisen somit einen besonderen Unterstützungsbedarf auf. Dieser wird vielfach nicht gesehen und erfüllt. Frühere Unterstützungs- und Behandlungsansätze für Angehörige (vgl. Schmidt 2007) fußen auf der Idee, sich entweder auf eine Rettung durch spirituelle Erneuerung zu konzentrieren (z. B. 12-Schritte-Programm von Al-Anon) und/oder darauf, den Angehörigen aufzufordern, den Betroffenen mit Suchterkrankung direkt mit den negativen Auswirkungen seines Suchtverhaltens zu konfrontieren und ihn unter Druck zu setzen, sein Verhalten zu verändern, wie z. B. die »Johnson Intervention« (Johnson 1973) oder »Pressures to Change« (Barber und Crisp 1995). Dies bedeutet in der Regel jedoch eine weitere Erhöhung des Stressniveaus für die Angehörigen. Kritisch ist außerdem aus behandlungsethischer Sicht, dass derartig hochkonfrontative Verfahren die Angehörigen überfordern und die Abbruch- sowie die Rückfallquoten der Suchtkranken danach verhältnismäßig hoch sind (Smith & Meyers 2013). Für modernere Ansätze empfehlen Klein und Bischof (2013) ein zieloffeneres und motivierendes Vorgehen, welches wahlweise oder ergänzend eine Verbesserung der Eigenbefindlichkeit oder eine Einflussnahme auf den Suchtverlauf des abhängigen Angehörigen beinhalten sollte. Moderne, evidenzbasierte Ansätze wie die Multidimensionale Familientherapie (Spohr et al. 2011) oder vor allem das Community Reinforcement Approach Family Training (Smith & Meyers 2013) erscheinen hier vielversprechend (Bischof 2012). Prinzipiell erscheint es naheliegend, das Stressniveau der Angehörigen zu reduzieren, ihre Kompetenzen zu verbessern und tragfähige soziale Unterstützungsnetzwerke zu fördern (Stolle et al. 2010; Thomasius 2002). Nach Orford (1994) können helfende Fachkräfte Angehörige unterstützen, indem sie

1. wertfrei zuhören,
2. nützliche Informationen liefern,
3. über Bewältigungsmöglichkeiten beraten ohne starre Verhaltensregeln zu geben und
4. dabei helfen, soziale Unterstützung und Problemlösestrategien aufzubauen.

Die Erreichungsquote Angehöriger durch das bestehende Hilfesystem ist bislang unbefriedigend. Im Falle suchtbelasteter Familien wenden sich Angehörige oft als Erste an das professionelle Suchthilfesystem, wo jedoch nur selten explizit Angebote für Angehörige bereitgestellt werden (DHS 2013a). Spezifische Gruppen für Angehörige sind eher in der Suchtselbsthilfe zu finden, deren Ansätze primär auf dem Konzept der Co-Abhängigkeit basieren. Häufig helfen sich Angehörige mit Selbsthilfegruppen oder therapeutisch geleiteten Angehörigengruppen, es sei denn die eigene Belastung erreicht den Status einer diagnostizierbaren Störung und wird im Rahmen einer Psychotherapie oder medizinischen Rehabilitation eigenständig behandelt.

Merke
Angehörige von Menschen mit Suchterkrankungen sollten eigenständige frühzeitige Hilfen zur Bewältigung ihrer belasteten Lebenssituation erhalten.

7.1 Unterstützungs- und Behandlungsansätze für Partner von Menschen mit Suchterkrankungen

Suchterkrankungen stehen in enger Wechselwirkung zum partnerschaftlichen und familiären Umfeld der Betroffenen. Paare, bei denen einer der Partner unter einer Suchterkrankung leidet, sind in der Regel auch durch Partnerschaftsprobleme belastet, die sich in Unzufriedenheit, Trennungsimpulsen und/ oder verbaler bzw. körperlicher Gewalt äußern können. Nach Sydow, Beher, Retzlaff und Schweitzer (2007) bilden Partnerschaftsprobleme und Substanzkonsumstörungen einen Teufelskreis, in dem sich beide Problemfelder gegenseitig verstärken.

In der gegenwärtigen Praxis vieler Behandlungskonzepte werden Partner in die Behandlung von Abhängigen einbezogen

- um eine weitere Eskalation des Konsumverhaltens zu reduzieren, wenn bisher durch den Konsum überdeckte Beziehungsprobleme offensichtlich werden (Meyers & Smith 2017)
- um Veränderungen im Konsumverhalten durch eine Verbesserung der Beziehungsqualität zu stabilisieren (Meyers & Smith 2017, Lindenmeyer 2012)
- damit beide Partner sich auf eine gemeinsame Strategie bei Rückfällen einigen können (Lindenmeyer 2012)
- um den Partner als positiven Verstärker und Ergänzung zum laufenden Therapieangebot zu nutzen (Meyers & Smith 2017)
- um den Partner am Veränderungsprozess zu beteiligen und zu aktivieren, die mit dem Beratungssuchenden entwickelten Strategien und Ziele im Blick zu behalten (Meyers & Smith 2017)

Es fällt auf, dass in solchen Konzepten Partner kaum als eigenständige Personen mit Problemen und autonomem Hilfebedarf gesehen werden, sondern eher als Personen, von denen Unterstützung für die

Person mit Suchterkrankung erwartet werden darf. Historisch gesehen wurde zwar auf die psychische Gesundheit von Angehörigen eingegangen, oft jedoch mit der Idee vorliegender behandlungsbedürftiger neurotischer Konflikte, die erst dazu geführt haben sollen, dass jemand mit einem Partner zusammenkam, der Substanzmittel konsumiert (McCrady, Wilson, Muñoz, Fink, Fokas, & Borders 2016). Die Anwendung von familientherapeutischen und behavioralen Behandlungsansätzen begann in den 1960er und 1970er Jahren – zunächst für Alkoholkonsumstörungen (McCrady et al. 2016).

7.1.1 Allgemeine Wirksamkeit von Paarinterventionen

Ältere Untersuchungen haben bisweilen gefunden, dass Paarinterventionen in der Suchtbehandlung nur begrenzt wirksam sind. So beschreiben Fichter und Frick (1992), dass in der Behandlungsphase zwar die Abstinenzrate bei Betroffenen mit Angehörigeneinbezug höher ist als die ohne Angehörigeneinbezug, allerdings sei dieser Trend in einem 6- bzw. 12-Monats Follow-Up nicht mehr erkennbar. Darüber hinaus komme es bereits kurz nach Behandlungsbeginn zu einer Verschlechterung der Partnerschaftsqualität, die ihren Abwärtstrend bei der 6- und 12-Monatskatamnese fortsetze. Die Autoren erklären die Verschlechterung dadurch, dass durch die Behandlung und Konfrontation mit der Abhängigkeitsstörung ein ehemals im Gleichgewicht gehaltenes System gestört wird. Die neue Abstinenz eines Partners führt dann zu weiteren Verhaltensänderungen. Diese würden als subjektive Verschlechterung der Partnerschaft erlebt.

Generell erfahren um die 50 % aller Paare, die sich in verhaltenstherapeutische Paartherapie begeben, keine langfristige, stabile Verbesserung ihrer Problemlage. Nach Bodenmann (2013) liegen die Gründe dafür häufig in einem zu späten Beginn der Paartherapie, wenn sich Probleme und maladaptive Interaktionsmuster bereits verfestigt haben. Zudem sei die Wirksamkeit der verhaltensorientierten Paartherapie bei jüngeren Patienten signifikant höher. Insgesamt wird für einen bestmöglichen Effekt der Therapie von den Teilnehmern erwartet, die erlernten und erprobten Kompetenzen kontinuierlich im Alltag umzusetzen und während der Therapie aktiv und engagiert mit dem Therapeuten zu kooperieren. Andererseits stellt sich nach Sassmann, Braukhaus und Hahlweg (1999) bei zirka 50 % der Paare zwei Jahre nach Beendigung der Paartherapie eine erhebliche Verbesserung der Partnerschaftszufriedenheit ein. Dies verdeutlicht die Notwendigkeit von langfristig ausgerichteten Untersuchungen im Bereich der Paartherapie, um eventuelle »Sleeper-Effekte« nicht zu übersehen.

Lindenmeyer (2003) stellt fest, dass sich Partnerschaftsseminare in einer auf Sucht spezialisierten Rehabilitationsklinik sowohl subjektiv als auch objektiv positiv auf Paarbeziehungen auswirken. Bei einer Patientenbefragung von Personen, die zwischen den Jahren 2000 und 2001 aus der Salus Klinik Lindow entlassen wurden, wurden die Partnerschaftsseminare als hilfreichstes Angebot der Klinik bewertet. Die Ergebnisse des 1-Jahres-Follow-Up legen nahe, dass sich eine feste Partnerschaft im Behandlungszeitraum nur dann günstig auf die Abstinenzquote auswirken kann, wenn die Partner an einem Partnerseminar teilnehmen. Darüber hinaus erwiesen sich die Partnerschaften der Personen, die an einem Seminar teilgenommen hatten, als stabiler.

Nach einer Übersichtsarbeit von Küfner (2003), in der die Ergebnisse verschiedener Metaanalysen systematisch zusammengefasst werden, stellt behaviorale Paartherapie, neben sozialem Kompetenztraining, Training der Selbstkontrolle und kurzer, motivationaler Gesprächsführung, für Abhängige eine Behandlungsform mit vielversprechenden Effektstärken dar. Auch die systemische Familientherapie in Kombination mit medizinischer Standardbehandlung gilt nach Sydow et al. (2007) als gut fundierte Behandlungsmethode bei Störungsbildern wie Alkohol- und Drogenkonsumstörung. Sie wirke nicht nur bei den Personen mit Suchterkrankung, sondern reduziere auch das Leid und Problemverhalten der Familienangehörigen.

Einen weiteren Nachweis für die generelle Wirksamkeit verhaltensorientierter Paarinterventionen stellt eine vom Bayerischen

Sozialministerium geförderte Langzeitstudie (drei Jahre) an 36 hoch belasteten Paaren dar, die an einem Kommunikations-Kompetenz-Training (KOMKOM) teilgenommen haben (Engl & Thurmaier 2004). Die Studie zeigt, dass Paare nach dem KOMKOM-Training in allen erhobenen Bereichen deutlich und dauerhaft zufriedener sind, sodass laut Engl und Thurmaier (2004) von einer breiten und langanhaltenden Wirksamkeit ausgegangen werden kann. Die Verbesserungen erstrecken sich sowohl auf die Kommunikationsqualität, die individuelle physische und psychische Befindlichkeit, die Problembelastung und Kindererziehung als auch auf verschiedene Beziehungsbereiche wie Gemeinsamkeit, Freizeitgestaltung und Sexualität.

Schließlich stellt die *Arbeitsgemeinschaft der Wissenschaftlichen Medizinischen Fachgesellschaften* e.V (AWMF) im Jahr 2015 nach einer umfassenden Prüfung der vorhandenen Evidenzen der englisch- und deutschsprachigen Literatur die S3-Leitlinie *Screening, Diagnose und Behandlung alkoholbezogener Störungen* vor (Bühringer et al. 2015). Darin bescheinigen sie einen hohen Evidenzgrad für die Wirksamkeit von Angehörigenarbeit und Familientherapie in der Postakutbehandlung Alkoholabhängiger. Sie sprechen eine starke Empfehlung (Grad A) für den Einsatz von Angehörigenarbeit und Paartherapie im Rahmen der Entwöhnungsbehandlungen Alkoholabhängiger aus. Diese Sichtweise ist in den im Dezember des Jahres 2020 aktualisierten Leitlinien ebenfalls wiedergegeben.

> **Merke**
> Die aktuellen Behandlungsleitlinien sehen den Einsatz von Angehörigenarbeit und Paartherapie in der Behandlung von Suchterkrankungen vor.

Einschränkend ist festzuhalten, dass ein Großteil der Forschung zu Behandlungsansätzen auf traditionelle Paare mit männlichen Personen mit Substanzkonsumstörung und weiblichen Angehörigen ohne Suchterkrankung fokussiert. McCrady et al. (2016) sehen folgende Gründe für dieses Ungleichgewicht, bezogen auf Alkoholkonsum:

Zum einen leiden Frauen seltener unter Alkoholkonsumstörungen und zum anderen wird die Alkoholkonsumstörung in der Bevölkerung auch als eine Störung konzeptualisiert, von der eher Männer betroffen sind. Dies erschwert es betroffenen Frauen, sich Hilfe zu suchen. Obwohl Frauen mit Suchterkrankung in absoluten Zahlen eine kleinere Patientengruppe darstellen als Männer, wächst das Forschungsinteresse an ihnen.

7.1.2 CRA und CRAFT

Im *Community Reinforcement Approach* (CRA; Hunt & Azrin 1973) wird der Einbezug von Personen aus dem Umfeld der Personen mit Suchterkrankung in die Behandlung des Betroffenen als ein Hauptbestandteil des Programms angesehen. Dieses Vorgehen betrifft besonders die Partner von betroffenen Personen. Kernelement dieses verhaltenstherapeutischen Ansatzes ist eine Reduktion der positiven Verstärker für den Suchtmittelkonsum bei gleichzeitiger Steigerung der abstinenzförderlichen Verstärker im sozialen Umfeld der betroffenen Personen. Auch der Entzug positiver Verstärker bei unerwünschtem Substanzkonsum ist vorgesehen. Daneben beinhaltet es motivationsfördernde Elemente und Analysen der Konsumgewohnheiten der betroffenen Person. Ein abstinentes Leben soll attraktiver werden als der Rauschmittelkonsum (Meyers & Smith 2017).

Das Programm umfasst eine Reihe von Modulen, die nur sekundär mit den Angehörigen in Zusammenhang stehen, wie Verhaltensanalyse, Abstinenz-Konto, Skills-Training, Arbeitsberatung oder Rückfallprävention, sieht aber auch explizit paartherapeutische Sitzungen vor. In diesen sollen nicht nur interpersonelle Probleme und Kommunikationsschwierigkeiten des Paares angesprochen werden, sondern auch der Partner als Unterstützer des Betroffen hinsichtlich Abstinenz und abstinenzförderlicher Verhaltensweisen gewonnen werden (Meyer & Smith 2017). So geht im Idealfall der Aufbau positiver sozialer Verstärker von Seiten des Betroffenen und Therapeuten als auch des Partners aus. Die Gewichtung der einzelnen

Module ist flexibel an die Bedürfnisse und Lebenssituation der betroffenen Person anpassbar. Um wirksam zu sein, wird von Meyers und Smith (2017) eine Programmdauer von mindestens drei Monaten empfohlen, wobei der Einbezug des Partners möglichst früh erfolgen sollte. Obwohl das Modul *Paartherapie* genannt wird, ist das Programm nach Meyers & Smith (2017) auch auf andere Arten von Beziehungen, wie die zwischen Eltern und erwachsene Kinder, Mitbewohnern oder Paare, die sich bereits aufgrund des Substanzkonsum eines Partners getrennt haben, übertragbar.

Knapp 45 Jahre nach der ersten Effektivitätsstudie (Hunt & Azrin 1973) belegt eine Vielzahl an Einzelstudien die Wirksamkeit des CRA-Programms in verschiedenen Behandlungs-Settings, wie stationär (Azrin 1976) oder ambulant (Meyers & Miller 2001), an diversen Patientengruppen, z.B. obdachlosen Personen (Smith et al. 1998), werdenden Müttern (de Vries et al. 2015) oder Über-60-Jährigen (Andersen et al. 2015), und an verschiedenen Suchtstoffen, abgesehen von Alkohol, v.a. Kokain (Secades-Villa, Sanchez-Hervas, Zacares-Romaguera, Garcia-Rodriguez, Santonja-Gomez & Garcia-Fernandez 2011) und Opiate (Abbott 2009). ein Überblick über diese Studien findet sich in Meyer & Smith (2017) oder, für den deutschsprachigen Raum, in Walter et al. (2015). Neben der Motivierenden Gesprächsführung, Rückfallprävention und Kontingenzmanagement, heben Walter et al. (2015) in ihrem Review CRA als eine der vier suchtspezifischen Psychotherapien mit dem höchsten Evidenzgrad hervor. Die genannten Wirksamkeitsstudien legen jedoch einen Schwerpunkt auf die Entwicklung der psychischen Gesundheit der betroffenen Person und untersuchen i.d.R. keine Auswirkungen des CRA-Programms auf die Partner.

Weiterentwicklungen des CRA-Ansatzes umfassen z.B. den *Adolescence Community Reinforcement Approach* (ACRA; Godley et al. 2001), der sich an Cannabis konsumierende Jugendliche richtet, webbasierte CRA-Behandlung (Bickel, Marsch, Buchhalter & Badger 2008) oder den *Community Reinforcement Approach and Family Training* (CRAFT; Sisson & Azrin 1986).

CRAFT, das inzwischen auch in Deutschland eine hohe Bekanntheit erlangt hat, weist neben dem Ziel, durch den Entzug positiver Verstärker den Substanzkonsum von Betroffenen zu verringern oder einen Betroffenen zur Therapieaufnahme zu bewegen, auch den Anspruch auf, die Lebenszufriedenheit von Angehörigen, unabhängig vom Verhalten der betroffenen Person, zu verbessern (Meyers & Smith 2017). Die therapeutische Arbeit findet dabei (zunächst) ohne die betroffene Person selbst statt und funktioniert auch bei Angehörigen behandlungsunwilliger betroffener Personen. Die Interventionsbausteine sind an denen des CRA angelehnt und durch Aspekte wie den Umgang mit häuslicher Gewalt oder Maßnahmen zur Verbesserung der eigenen Lebensqualität ergänzt. Für die Partner umfasst das Programm auch Elemente zur Selbstreflexion und Selbstfürsorge.

Nach Bischof et al. (2012) ist CRAFT der bisher einzige evaluierte Behandlungsansatz für Angehörige nicht behandlungsbereiter Personen mit Substanzkonsumstörung in Deutschland. In der ersten randomisierten kontrollierten Studie zur Wirksamkeit des Ansatzes außerhalb der USA berichten Bischof, Iwen, Freyer-Adam & Rumpf (2016) von positiven Auswirkungen auf die psychische Gesundheit der Angehörigen (z. B. bzgl. Depressionswerten, oder der psychischen Gesundheit im Allgemeinen) und auf die subjektive Einschätzung der Familienkohäsion zum Follow-Up nach drei Monaten im Vergleich zu einer Wartekontrollgruppe. Die Stichprobe, bestehend aus 94 Angehörigen, die mindestens 20 Stunden die Woche zusammen mit einer Person mit Alkoholkonsumstörung verbringen, bestand größtenteils aus Frauen (92 %), die Ehefrauen (63 %), Kinder (10 %) oder Eltern (6 %) einer betroffenen Person waren.

7.1.3 BCT und ABCT

Die Behavioral Couples Therapy (BCT) ist ein kognitiv-behaviorales Behandlungsmodell, dem die Idee zugrunde liegt, dass verschiedene Faktoren maladaptives Verhalten einer Person aufrechterhalten, u. a.

individuelle, dyadische, familiäre und Umgebungsvariablen (McCrady et al. 2016). Grundlage des US-amerikanischen Programms sind unter anderem Banduras Lerntheorie sowie Thibauts und Kellers soziale Austauschtheorie (Kelley, Platter & Fals-Stewart 2009). Bei der BCT werden unter anderem die Reduktion von anderen partnerschaftlichen Problemen und die Förderung einer stabilen Beziehung angestrebt. Die Bezeichnung ABCT steht für Alcohol-Focused Behavioral Couples Therapy und richtet sich an Paare, in denen einer der Partner ausschließlich an einer Alkoholkonsumstörung leidet – sie ist also eine Sonderform der BCT.

Nach McCrady und Epstein (2015) beinhaltet ABCT drei Hauptkomponenten:

a. Kognitive Verhaltenstherapie (KVT) zur Behandlung des Alkoholkonsums des betroffenen Partners
b. KVT, um relevante Fertigkeiten des nicht konsumierenden Partners zu verbessern und die Veränderungen beim betroffenen Partner fördern
c. BCT, um die Beziehungsqualität des Paares zu verbessern

Behandlungselemente, die sich auf die Fertigkeiten des nicht konsumierenden Partners konzentrieren, ähneln denen aus dem CRAFT-Ansatz und beinhalten z.B. Verhaltensbeobachtungen, Verhaltensanalysen zur Identifikation von auslösenden Bedingungen, Training spezieller Fertigkeiten, um den Partner bei seiner Abstinenz zu unterstützen und partnergestützte Rückfallprävention (McCrady et al. 2016). Interventionsbausteine, bei denen die Beziehung des Paares im Vordergrund steht, sind teils auch in der BCT zu finden, werden hier aber durch alkoholspezifische Aspekte, wie die Frage ob und in welchem Umfang Alkohol im Haushalt verfügbar sein sollte, ergänzt.

Typischerweise fokussieren sich Studien zur Effektivität von ABCT auf zwei erwünschte Outcomes: Reduktion des Alkoholkonsums des betroffenen Partners und verbesserte Beziehungsqualität zwischen den Partnern (McCrady et al. 2016). Wie McCrady et al. (2016) bewerten auch Kelley et al. (2009) die Effektivität der BCT generell positiv – sie reduziert die Menge an konsumiertem Alkohol, verbessert die Beziehungsstabilität und reduziert häusliche Gewalt bei verheirateten bzw. zusammenlebenden männlichen Personen mit Alkoholkonsumstörung und ihren Partnerinnen. Allerdings käme es bei einigen betroffenen Personen zu Rückfällen während oder nach der Behandlung. Hier seien sogenannte »Relapse Prevention Booster« nützlich, die in der Praxis leider selten eingesetzt werden.

Im Rahmen einer Meta-Analyse fanden Powers, Vedel & Emmelkamp (2008) zwölf randomisierte, kontrollierte Studien (N = 754), die sich mit der Effektivität von BCT bei Alkohol- und anderer Substanzkonsumstörung befassen. Insgesamt erwies sich die BCT in der Follow-Up-Messung im Vergleich zu Einzeltherapien in Bezug auf Substanzkonsum, Konsequenzen des Substanzkonsums und Beziehungszufriedenheit als überlegen. Die Effektivität von BCT für Personen mit vergleichsweise leichter Alkoholkonsumstörung ist jedoch wenig untersucht, eventuell lassen sich die positiven Effekte der BCT für diese Subgruppe nicht replizieren.

Eine kostengünstigere, da weniger zeitintensive Alternative zur BCT ist deren Abwandlung Brief Relationship Therapy (BRT). Nach Kelley et al. (2009) sind sowohl BCT als auch BRT klinisch effektiver als die Behandlung von Einzelpersonen oder psychoedukative Kontrollbedingungen. Ein Problem der Evaluationsstudien liegt allerdings darin, dass BCT häufig mit individueller und Gruppentherapie kombiniert durchgeführt wird oder Patienten und Partner eigenständig Selbsthilfegruppen besuchen (Kelley et al. 2009). Es ist daher nicht klar abzugrenzen, woher die positiven Effekte in den Evaluationsstudien stammen.

Ein Forschungsbereich, der im Zusammenhang zu BCT vermehrt an Bedeutung gewann, ist die Frage nach potenziellen sekundären Effekten des BCT auf Kinder von Personen mit Substanzkonsumstörung (Kelley et al. 2009). Als sekundäre Effekte sind verbesserte Eltern-Kind-Interaktionen und damit einhergehend eine Reduktion von aggressivem kindlichem Verhalten oder eine Reduktion von schulischen Problemen denkbar. Auch besteht weiterer Forschungsbedarf an angemessenen Adaptionen für weibliche Abhängige, nicht traditionelle Paare, LGBTQ-Paare und nicht intime dyadische Beziehungen.

> **Merke**
> Evidenzbasierte Angehörigenarbeit kann mit den gut erprobten Ansätzen CRAFT und BCT erfolgen.

7.1.4 ETAPPE

Ein erstes umfassendes Angebot für Angehörige von Personen mit Glücksspielstörung in Deutschland ist das Entlastungstraining für Angehörige problematischer und pathologischer Glücksspieler – psychoedukativ (ETAPPE) von Buchner et al. (2013a). Es möchte

1. die Situation von Angehörigen im sozialen, emotionalen und finanziellen Bereich verbessern bzw. einer Verschlechterung vorbeugen und
2. die Versorgungssituation der Angehörigen im Hilfesystem insgesamt sicherstellen, indem Therapeuten und Beratern ein in der Praxis getestetes Manual vorliegt.

Das daraufhin entwickelte psychoedukative Gruppenangebot richtet sich an Berater in Suchtberatungsstellen und beinhaltet in acht Modulen neben einer Einführungs- und Abschlussveranstaltung die Themen

- Basisinformationen,
- Bewältigungsstrategien,
- Beratungs- und Behandlungsmöglichkeiten,
- Verantwortung,
- Kommunikation sowie
- Recht und Geld.

Es richtet sich dabei prinzipiell an Angehörige jeglicher Art, wobei es in der Praxis meistens bei Partnern zur Anwendung kommt. Eine mit 29 Teilnehmenden begleitend durchgeführte Pilotstudie zeigt ermutigende Ergebnisse: Das Angebot stößt bei Beratern und Angehörigen auf große Akzeptanz, ist kostengünstig durchführbar und durch die Informationsvermittlung und Förderung individueller Bewältigungsmechanismen ist die selbsteingeschätzte Belastung der Betroffenen signifikant reduzierbar. Auch zeigt sich eine Reduktion in der psychischen Gesamtbelastung. Subjektiv berichteten die Teilnehmenden, dass sie vor allem in den Bereichen Informationsdefizite, Rückfall, Belastung und Vertrauen/Misstrauen dazugelernt haben bzw. weniger Hilfsbedarf besteht. Dies ging jedoch mit einer vermehrten Nennung der Bereiche Angst und Beziehung nach Programmteilnahme einher. Buchner et al. (2013a) schlussfolgern, dass durch die Bearbeitung einzelner Themenbereiche neue Problemfelder in den Fokus gerückt sind, die eine weitere Bearbeitung oder Vermittlung notwendig machen können.

Ein besonderes Augenmerk haben die Entwickler daher auf die Nachbetreuung der Angehörigen gelegt. Sie soll z.B. durch eine Einzelbetreuung nach Projektende in der Hilfseinrichtung oder eine Fortführung des Gruppenangebots in einem anderen Rahmen, z.B. durch die Integration in eine bestehende Selbsthilfegruppe, erfolgen. Die Autoren haben inzwischen auch eine digitalisierte Fassung zur Psychoedukation für Angehörige von Glücksspielern vorgelegt (Buchner et al. 2013b). Inzwischen liegt auch ein Online-Angebot für Angehörige von Personen mit Glücksspielstörung vor.

Merke
Für Angehörige von Personen mit Glücksspielstörung liegt mit dem Programm ETAPPE ein evidenzbasiertes Therapieprogramm vor.

7.2 Unterstützungs- und Behandlungsansätze für Kinder und Jugendliche aus suchtbelasteten Familien

Das Angehörigennetzwerk (AnNet 2017) fasst zusammen, dass durch die Arbeit von Selbsthilfegruppen wie Alateen, Interessenverbänden wie NACOA e.V., Programmen wie Trampolin und die Arbeit von Sucht-, Kinder- und Jugendhilfe Kinder und Jugendliche aus suchtbelasteten Familien zunehmend Teil der öffentlichen und politischen Wahrnehmung sind. Dafür spricht auch der Jahresschwerpunkt des Drogen- und Suchtberichts aus dem Jahr 2017 (Drogenbeauftragte der Bundesregierung 2017), der sich Kindern aus suchtbelasteten Familien widmete.

Trotzdem ist der Zugang für Kinder und Jugendliche aus suchtbelasteten Familien zum professionellen Hilfesystem aus unterschiedlichen Gründen noch oftmals herausfordernd. Eltern mit Substanzkonsumstörung sind häufig z.B. aufgrund von Scham- und Schuldgefühlen oder aus Angst vor Sanktionen durch das Jugendamt nicht bereit, ihren Kindern eine Teilnahme an professionellen Unterstützungsangeboten zu ermöglichen (Klein et al. 2017). Darüber hinaus sind evidenzbasierte Hilfeangebote speziell für Kinder aus suchtbelasteten Familien in Deutschland insgesamt nur selten existent, was u.a. mit einer ausbleibenden Refinanzierung für angehörigenspezifische Interventionen zusammenhängt (Bischof et al. 2019).

7.2.1 TRAMPOLIN

Ein evidenzbasiertes Präventionskonzept für Kinder aus alkohol- und drogenbelasteten Familien im deutschsprachigen Raum liegt mit dem »Trampolin«-Programm vor (Klein et al. 2013). Trampolin ist ein manualisiertes Gruppenangebot für betroffene Kinder zwischen acht und zwölf Jahren, welches aus neun Modulen besteht. Ziel des Programms ist es, mit einer altersgerechten Didaktik und ansprechenden Inhalten eine positive Selbstwahrnehmung bei den Kindern zu fördern. Schwerpunktthemen der Module sind u.a. Umgang mit Emotionen, hilfreiche Verhaltensstrategien in der suchtbelasteten Familie oder Hilfe und Unterstützung einzuholen. Eltern oder andere Angehörige der Kinder nehmen vor und nach dem Kurs an einem Elternabend teil, der ihnen alle wichtigen Informationen zu dem Programm und hilfreiche Informationen mit auf den Weg gibt. Sie werden für die Folgen der eigenen Substanzkonsumstörung auf ihre Kinder sensibilisiert, wodurch auch das Tabuthema Sucht innerhalb der Familie aufgelöst werden soll.

Eine Wirksamkeitsüberprüfung im Rahmen der ersten Projektlaufzeit an 27 Standorten mit 130 Kindern zeigte, dass Kinder, die das Trampolin-Programm durchlaufen hatten, direkt nach der Intervention und sechs Monate später z.B. eine geringere psychische Belastung und ein ausgeprägteres Wissen zur elterlichen Suchterkrankung aufweisen als Kinder der Kontrollbedingung (Klein et al. 2013). Die Akzeptanz des Programms bei Kindern, Eltern und Kursleitern war hoch. In der Kontrollbedingung trafen sich Kinder ebenfalls neunmal mit einem Gruppenleiter und spielten miteinander, unterhielten sich jedoch nicht über die elterliche Suchterkrankung.

Das Programm wird bereits an vielen Standorten in Deutschland umgesetzt. Bei der Programmteilnahme bei einem zertifizierten Kursleiter können seit dem Jahr 2016 die Kosten eines Kindes voll oder anteilig von den Krankenkassen übernommen werden.

7.2.2 Strengthening Families Program (SFP)

Zur Unterstützung von Kindern aus suchtbelasteten Familien bestehen außerdem Hilfeangebote, die sich an besonders Vulnerable im Allgemeinen richten und damit suchtbelastete Familien einschließen. Exemplarisch sei an dieser Stelle das bewährte amerikanische »Strengthening Families Program (SFP)« genannt, welches sich an belastete Familien mit Kindern im Alter von zehn bis 14 Jahren richtet. SFP liegt auch in deutscher Übersetzung (»Familien stärken«) vor und wurde in verschiedenen Evaluationsstudien erprobt, u. a. an suchtbelasteten Familien (Baldus et al. 2016). SFP soll Familien dabei unterstützen, das Zusammenleben in der Familie durch konkrete Kommunikations-, Organisations- und Selbstwahrnehmungsstrategien funktionaler zu gestalten. Teilnehmende Kinder bzw. Jugendliche sollen lernen, mit der Pubertät und den damit verbundenen Herausforderungen besser umzugehen. Sie erwerben beispielsweise Fertigkeiten, die ihnen dabei helfen, Gruppendruck und Stress unter Gleichaltrigen erfolgreich zu bewältigen. Dies soll den Einstieg in einen Substanzkonsum überflüssig machen oder hinauszögern. Teilnehmende Eltern erhalten Hinweise zum Umgang mit ihren pubertierenden Kindern, insbesondere in herausfordernden Alltagssituationen.

SFP erstreckt sich über eine Dauer von elf Wochen. In getrennten Eltern- und Jugendrunden werden die jeweiligen Anliegen und Probleme bearbeitet. Nach den getrennt stattfindenden Jugend- und Elternrunden kommen alle zu einer abschließenden Familienrunde zusammen. Diese kann mit einer gemeinsamen Mahlzeit abgerundet werden.

SFP steht in der Tradition der familialen Suchtprävention und kann auch als Baustein zur Förderung der Familienresilienz gesehen werden (Walsh 2016). Die Eltern werden hier in erster Linie als die Angehörigen eines Jugendlichen mit beginnender Substanzkonsumstörung gesehen. Programmevaluationen zeigen vielversprechende Resultate. So konnte in einer US-amerikanischen Evaluationsstudie nachgewiesen werden, dass weniger Jugendliche einen riskanten Alkoholkonsum entwickelten und darüber hinaus später mit dem Alkoholkonsum begonnen haben (Baldus et al. 2016).

Fazit
Mit den Programmen Trampolin und SFP liegen zwei evidenzbasierte Programme für Kinder aus suchtbelasteten Familien vor.

8 Ausblick

Noch immer gibt es zu wenige Hilfeangebote für Angehörige von Menschen mit Suchterkrankungen. Es hapert vor allem aber an den Erreichungsquoten. Dafür ist es wichtig, dass die Situation der Angehörigen, deren Stressfaktoren und Lebensbedingungen mehr in das Bewusstsein der Öffentlichkeit und besonders der Fachkräfte rückt. Frühzeitige Hilfen für Angehörige sind wichtig und unerlässlich. Angehörige haben ein eigenständiges Recht auf Hilfe und Unterstützung, unabhängig davon, ob ihr von einer Suchterkrankung betroffenes Familienmitglied Hilfe aufsucht. Oft ist die Veränderung des Angehörigen der erste Schritt zur Destabilisierung eines dysfunktionalen familialen Suchtsystems. Dabei sollten Angehörige nicht als ein »Anhängsel« der von einer Suchterkrankung betroffenen Person gesehen werden, sondern als Personen mit eigenständiger Lebensgeschichte und Belastungserleben, die oft Unterstützung und Hilfe benötigen. Es ist dabei völlig überflüssig, alle Angehörigen mit einem suchtähnlichen Konzept im Sinne des Co-Abhängigkeitsmodells zu pathologisieren. Die Lebenssituation und psychische Gegebenheit können bei jeder betroffenen Person anders sein, sodass es einer differenzierten individuellen Diagnostik bedarf. Diese kann dahinführen, dass übermäßige (dependente) Verstrickungen mit der betroffenen Person vorliegen. Es können aber auch andere Problemlagen, etwa im Bereich Hyperstress, Angst und Depression, dominieren.

In der weiteren Forschungs- und Praxisarbeit mit Angehörigen von Menschen mit Suchterkrankung bedarf es also keinesfalls einer Fortführung des Co-Abhängigkeitsmodells. Vielmehr muss die Heterogenität der Situation von Angehörigen und der Angehörigen selbst anerkannt werden: Sie benötigen entsprechend abgestimmte, frühzeitige und differenzierte Hilfen. Diese können sich auf Verstrickung und Dependenz beziehen, müssen es aber nicht oder nicht ausschließlich. Das Hilfesystem benötigt zur (Weiter-)Entwicklung und

Verankerung regelhafter Hilfen mehr evidenzbasiertes Wissen zu Stressbelastungen, Bewältigungsmechanismen und Unterstützungsmöglichkeiten für Prävention und den Ausbau von Interventionen für Angehörige. Angehörige von Menschen mit Suchterkrankungen sollten in den verschiedenen Hilfesektoren (Psychotherapie, Suchthilfe, Jugendhilfe, Traumatherapie, Suchtprävention) passgenaue Hilfen erhalten.

Literatur

Abbott PJ (2009) A review of the community reinforcement approach in the treatment of opioid dependence. Journal of psychoactive drugs 41(4),: 379–385.

Aboujaoude E, Koran LM, Gamel N, Large, MD, Serpe, RT (2006) Potential Markers für Problematic Internet Use: A Telephone Survey of 2.513 Adults. CNS Spectrums 11(10): 750–755.

Adams M, Effertz T (2011) Volkswirtschaftliche Kosten des Alkohol- und Tabakkonsums. In Singer MV, Batra A, Mann K (Hrsg.) Alkohol und Tabak. Grundlagen und Folgeerkrankungen. Stuttgart: Thieme. S. 57–64.

Adkison SE, Grohmann K, Colder CR, Leonard K, Orrange-Torchia T, Peterson E et al. (2013) Impact of Father's Alcohol Problems on the Development of Effortful Control in Early Adolescence. Journal of Studies on Alcohol, 74(5): 674–683.

Alavi SS, Ferdosi M, Jannatifard F, Eslami M, Alaghemandan H, Setare M (2012) Behavioural Addiction versus Substance Addiction: Correspondence of Psychiatric and Psychological Views. International Journal of Preventive Medicine 3(4): 290–294.

American Psychiatric Association (APA) (1980) Diagnostic and statistical manual of mental disorders – DSM-III. Washington, DC: American Psychiatric Association.

American Psychiatric Association (APA) (2022) Diagnostic and statistical manual of mental disorders – Text Revision (DSM-5-TR). Washington, DC: American Psychiatric Association.

Anda RF, Whitfield CL, Felitti VJ, Chapman D, Edwards VJ, Dube SR et al. (2002) Adverse Childhood Experiences, Alcoholic Parents, and Later Risk of Alcoholism and Depression. Psychiatric Services 53(8): 1001–1009.

Andersen K, Bogenschutz MP, Bühringer G, Behrendt S, Bilberg R, Braun B, Ekstrøm CT, Forcehimes A, Lizarraga C, Moyers TB, Nielsen AS (2016) Outpatient treatment of alcohol use disorders among subjects 60 + years: design of a randomized clinical trial conducted in three countries (Elderly Study). BMC psychiatry 15(1): 280–291.

AnNet (Hrsg.) AnNet-Arbeitsbuch. Ein Buch von Angehörigen für Angehörige, Praktiker und Entscheider. Hildesheim: Universitätsverlag Hildesheim. (https://hilpub.uni-hildesheim.de/entities/publication/ce64f19c-ff05-496c-9ccd-0ec18042569a/details, Zugriff am 10.07.2024).

Arria AM, Mericle AA, Meyers K, Winters KC (2012) Parental substance use impairment, parenting and substance use disorder risk. Journal of Substance Abuse Treatment 43(1): 114–122.

Atzendorf J, Rauschert C, Seitz NN, Lochbühler K, Kraus L (2019) Gebrauch von Alkohol, Tabak, illegalen Drogen und Medikamenten. Schätzungen zu Konsum und substanzbezogenen Störungen in Deutschland. Deutsches Ärzteblatt International 116 (35–36): 577–584.

Azrin NH (1976) Improvements in the community-reinforcement approach to alcoholism. Behaviour Research and Therapy 14(5): 339–348.

Bachmann M (2004) Kinder von Spielsüchtigen. Abhängigkeiten 1: 50–62.

Backett-Milburn K, Wilson S, Bancroft A, Cunningham-Burley S (2008) Challenging Childhoods Young people's accounts of getting by in families with substance use problems. Childhood 15(4): 461–479.

Bakken IJ, Wenzel HG, Götestam KG, Johansson A, Øren A (2009) Internet addiction among Norwegian adults: a stratified probability sample study. Scandinavian journal of psychology 50(2): 121–127.

Baldus C, Thomsen M, Sack P, Bröning S, Arnaud A, Daubmann A, Thomasius R (2016) Evaluation of a German version of the Strengthening Families Programme 10–14: a randomised controlled trial. Eur J Public Health 26(6): 953–959.

Baltruschat N, Geissner E, Klein M (2005) Elterlicher Alkoholmissbrauch. Risikofaktor für eine Essstörung der Töchter. Zeitschrift für Gesundheitspsychologie 13: 58–68.

Bancroft A, Wilson S, Cunningham-Burley S, Backett-Milburn K, Masters H (2004) Parental drug and alcohol misuse. Resilience and transition among young people. York: Joseph Rowntree Foundation.

Barber J, Crisp BR (1995) The »pressures to change« approach to working with the partners of heavy drinkers. Addiction 90: 269–276.

Barber JG, Gilbertson R (1999) The Drinker's Children. Substance Use & Misuse 34(3): 383–402.

Barnard M (2007) Drug Addiction and Families. London/Philadelphia: Jessica Kingsley Publishers.

Barnow S, Lucht M, Hamm A, John U, Freyberger HJ (2004) The Relation of a Family History of Alcoholism, Obstetric Complications and Family Environment to Behavioural Problems among 154 Adolescents in Germany: Results from the Children of Alcoholics Study in Pomerania. European Addiction Research 10: 8–14.

Bender AK, Meyers JL, Di Viteri SS, Schuckit M, Chan G et al. (2021) A latent class analysis of alcohol and posttraumatic stress symptoms among offspring of parents with and without alcohol use disorder. Addictive Behaviours 112: 106640.

Bender D, Lösel F (1998) Protektive Faktoren der psychisch gesunden Entwicklung junger Menschen: Ein Beitrag zur Kontroverse um saluto- und pathogenetische Ansätze. In: Margraf J, Siegrist J, Neumer S (Hrsg.) Gesundheits- oder Krankheitstheorie? Saluto- vs. Pathogenetische Ansätze im Gesundheitswesen. Berlin: Springer. S.117–145.

Benishek LA, Kirby KC, Dugosh KL (2011) Prevalence and frequency of problems of concerned family members with a substance-using loved one. The American journal of drug and alcohol abuse 37(2): 82–88.

Bepko C & Krestan JA (1985) The responsibility trap: a blueprint for treating the alcoholic family. New York: Free Press.

Berndt J, Bischof A, Besser B, Rumpf, HJ, Bischof G (2017) Belastungen und Perspektiven Angehöriger Suchtkranker: Ein multi-modaler Ansatz (BEPAS). Lübeck: Abschlussbericht zum Forschungsprojekt im Auftrag des Bundesministeriums für Gesundheit (BMG).

Bickel WK, Marsch LA, Buchhalter AR, Badger GJ (2008) Computerized behavior therapy for opioid-dependent outpatients: a randomized controlled trial. Experimental and clinical psychopharmacology 16(2): 132–143.

Bischof A, Krüger JH, Brandt D, Trachte A, Rumpf HJ, Bischof G (2019). Wirksamkeit von Behandlungsangeboten für Partner*innen von Suchtkranken: Ergebnisse der EVIFA-Studie. Suchttherapie 20: 1.

Bischof G (2012). Das »Community Reinforcement and Family Training« CRAFT. SuchtMagazin 1: 30–32.

Bischof G, Iwen J, Müller C, Bischof A, Rumpf, HJ (2012) Abschlussbericht Projekt »Psychosoziale Intervention bei Angehörigen von Personen mit chronischer Alkoholabhängigkeit«. Universität zu Lübeck: Lübeck.

Bischof G, Iwen J, Freyer-Adam J, Rumpf HJ (2016) Efficacy of the Community Reinforcement and Family Training for concerned significant others of treatment-refusing individuals with alcohol dependence: A randomized controlled trial. Drug and Alcohol Dependence 163: 179–185.

Block JJ (2008) Issues for DSM-V: Internet addiction. American Journal of Psychiatry 165: 306–307.

Bodenmann G (2013) Lehrbuch. Klinische Paar- und Familienpsychologie. 1. Aufl. Bern: Huber.

Bornstein RF (1995) Active dependency. Journal of Nervous and Mental Disease 183(2): 64–77.

Bornstein RF (2012) From dysfunction to adaptation: An interactionist model of dependency. Annual Review of Clinical Psychology 8: 291–316.

Brand H, Steppan M, Künzel J, Braun B (2014) Suchthilfe in Deutschland 2013. Jahresbericht der Deutschen Suchthilfestatistik (DSHS). München: IFT Institut für Therapieforschung.

Brown JA, Hohman M (2006) The Impact of Methamphetamine Use on Parenting. Journal of Social Work Practice in the Addictions 6(1–2): 63–88.

Buchner UB (2015) Störung durch Glücksspielen: Entwicklung und Bewertung von Unterstützungsmöglichkeiten für Angehörige. Bamberg: Fakultät Humanwissenschaften der Otto-Friedrich-Universität Bamberg.

Buchner UG, Koytek A, Arnold M, Wodarz N, Wolstein J (2013b) EfA – Ein E-Mental-Health-Programm für Angehörige problematischer und pathologischer Glücksspieler, Rausch – Wiener Zeitschrift für Suchttherapie 2(3): 164–170.

Buchner UG, Koytek A, Gollrad T, Arnold M, Wodarz N (2013a) Angehörigenarbeit bei pathologischem Glücksspiel. Das psychoedukative Entlastungstraining ETAPPE. Göttingen: Hogrefe.

Bühringer G, Klein M, Reimer J, Reymann G, Thomasius R, Petersen KU (2015) S3-Leitlinie Screening, Diagnose und Behandlung alkoholbezogener Störungen. Berlin: Springer.

Bundesinstitut für Arzneimittel und Medizinprodukte (BfArM) (2023) ICD-11 in Deutsch – Entwurfsfassung. (https://www.bfarm.de/DE/Kodiersysteme/Klas sifikationen/ICD/ICD-11/uebersetzung/_node.html, Zugriff am 17.08.23).

Bundeszentrale für gesundheitliche Aufklärung, BZgA (2015) Glücksspielverhalten und Glücksspielsucht in Deutschland – Ergebnisse des Surveys 2015 und Trends. Köln: Bundeszentrale für gesundheitliche Aufklärung. (https://www. bzga.de/forschung/studien-untersuchungen/studien/gluecksspiel/, Zugriff am 04.10.2017).

Buth S, Meyer G, Kalke J (2022) Glücksspielteilnahme und glücksspielbezogene Probleme in der Bevölkerung – Ergebnisse des Glücksspiel-Survey 2021. Institut für interdisziplinäre Sucht- und Drogenforschung (ISD), Hamburg.

Calhoun S, Conner E, Miller M, Messina N (2015) Improving the Outcomes of Children Affected by Parental Substance Abuse: A Review of Randomized Controlled Trails. Substance Abuse and Rehabilitation 6: 15–24.

Campbell JM, Oei TP (2010) A cognitive model for the intergenerational transference of alcohol use behaviour. Addictive Behaviours 35(2): 73–83.

Chassin L, Pitts SC, DeLucia C, Todd M (1999) A Longitudinal Study of Children of Alcoholics: Predicting Young Adult Substance Use Disorders, Anxiety, and Depression. Journal of Abnormal Psychology 108(1): 106–119.

Literatur

Child Welfare Information Gateway (2014) Parental Substance Use and the Child Welfare System. (https://www.govinfo.gov/content/pkg/GOVPUB-HE-PURL-gpo8210/pdf/GOVPUB-HE-PURL-gpo8210.pdf, Zugriff am 10.07.2024).

Collins R, Boggs B, Taggart N, Kelly M, Drillington A, Swanton I, Patterson D (2009) Efficacy of treatment in an opioid-dependent population group using the Maudsley Addiction Profile (MAP) tool. Ulster Med J 78(1): 21–25.

Coolidge FL, Anderson LW (2002) Personality profiles of women in multiple abusive relationships. Journal of Family Violence 17(2): 117–131.

Coyle JP, Nochajski T, Maguin E, Safyer A, DeWit D, Macdonald S (2009) An Exploratory Study of the Nature of Family Resilience in Families Affected by Parental Alcohol Abuse. Journal of Family Issues 30(12): 1606–1623.

Darbyshire P, Oster C, Carrig H (2001) Children of parent(s) who have a gambling problem: a review of the literature and commentary on research approaches. Health and Social Care in the Community 9: 185–193.

De Vries MM, Joubert B, Cloete M, Roux S, Baca BA, Hasken JM et al. (2016) Indicated Prevention of Fetal Alcohol Spectrum Disorders in South Africa: Effectiveness of Case Management. International Journal of Environmental Research and Public Health 13(1): 76–90.

Deutsche Hauptstelle für Suchtfragen (2013a) Alkoholabhängigkeit. Suchtmedizinische Reihe. Band 1. Hamm: DHS.

Deutsche Hauptstelle für Suchtfragen (2013b) DHS-Memorandum. Angehörige in der Sucht-Selbsthilfe. Hamm: DHS.

Die Drogenbeauftragte der Bundesregierung (Hrsg.) (2014) Drogen- und Suchtbericht. Bundesministerium für Gesundheit. Berlin. (https://www.drogenbeauftragte.de, Zugriff am 17.02.2016).

Die Drogenbeauftragte der Bundesregierung (Hrsg.) (2017) Drogen- und Suchtbericht. Bundesministerium für Gesundheit. Berlin. (https://www.drogenbeauftragte.de, Zugriff am 21.08.2017).

Dilling H, Mombour W, Schmidt MH (Hrsg.) (2015) Weltgesundheitsorganisation. Internationale Klassifikation psychischer Störungen. ICD-10 Kapitel V (F) Klinisch diagnostische Leitlinien. 10. Aufl. Bern: Hogrefe.

Disney KL (2013) Dependent personality disorder: A critical review. Clinical psychology review 33(8): 1184–1196.

Dowling NA, Merkouris SS, Greenwood CJ, Oldenhof E, Toumbourou JW, Youssef GJ (2017) Early risk and protective factors for problem gambling: A systematic review and meta-analysis of longitudinal studies. Clinical Psychology Review 51: 109–124.

Dyk J van, Ramanjam V, Church P, Koren G, Donald K (2014) Maternal methamphetamine use in pregnancy and long-term neurodevelopmental and behavioral deficits in children. Canadian Journal of Clinical Pharmacology 21(2): 185–196.

Ellis DA, Zucker RA, Fitzgerald HE (1997) The Role of Family Influences in Development and Risk. Alcohol Health & Research World 21(3): 218–226.

Engl J, Thurmaier F (2004) KOMKOM – Kommunikationskompetenz – Training in der Paarberatung. Kurz- und langfristige Effekte. Projektbericht. München: Institut für Forschung und Ausbildung in Kommunikationstherapie.

Englert E, Ziegler M (2001) Kinder opiatabhängiger Mütter – Ein Überblick. Suchttherapie 2(3): 143–151.

European Monitoring Centre for Drugs and Drug Addiction (EMCDDA) (2008) Drugs and Vulnerable Groups of Young People. Selected Issue 2008. Lissabon: EMCDDA.

Fengler J (2002) Co-Abhängigkeit. In: Fengler J (Hrsg.) Handbuch der Suchtbehandlung: Beratung, Therapie, Prävention; 100 Schlüsselbegriffe. Landsberg: Ecomed. S. 100–106.

Festl R, Scharkow M, Quandt T (2013) Problematic computer game use among adolescents, younger and older adults. Addiction 108(3): 592–599.

Fichter M, Frick U (1992) Therapie und Verlauf von Alkoholabhängigkeit. Auswirkungen auf Patient und Angehörige. Berlin: Springer.

Fiedler P, Herpertz SC (2016) Persönlichkeitsstörungen. 7. überarb. Aufl. Weinheim: Beltz.

Forray A (2016) Substance use during pregnancy. F1000 Research, 5, F1000 Faculty Rev-887.

Galliker M, Grivel M, Klein M, Schendera C (2004) Sind Frauen von Männern mit Alkoholproblemen besonders partnerzentriert? Sucht 50(2): 113–120.

Godley SH, Meyers RJ, Smith JE, Karvinen T, Titus JC, Godley MD et al. (2001) The Adolescent Community Reinforcement Approach for Adolescent Cannabis Users, Cannabis Youth Treatment (CYT) Series, Vol. 4, Substance Abuse and Mental Health Services Administration, Rockville, MD: Center for Substance Abuse Treatment.

Gomes de Matos E, Kraus L, Piontek D (2016) Kurzbericht Epidemiologischer Suchtsurvey 2012. Schätzung der Anzahl Angehöriger von substanzabhängigen Personen in Deutschland. München: IFT Institut für Therapieforschung. (http://www.esa-survey.de/fileadmin/user_upload/Literatur/Berichte/ESA2012_Kurzbericht_Angehoerige_neu.pdf, Zugriff am 10.07.2024).

Gorman MC, Orme KS, Nguyen NT, Kent EJ, Caughey EG (2014) Outcomes in pregnancies complicated by methamphetamine use. American Journal of Obstetrics and Gynecology 211(4): 429 e1-7.

Literatur

Grant BF (2000) Estimates of U.S. children exposed to alcohol abuse and dependence in the family. American Journal of Public Health 90: 112–115.

Greiner W, Batram M, Damm O, Scholz S, Witte J (2018) Kinder- und Jugendreport 2018. Gesundheitsversorgung von Kindern und Jugendlichen in Deutschland – Schwerpunkt: Familiengesundheit. Beiträge zur Gesundheitsökonomie und Versorgungsforschung (Band 23). DAK Krankenversicherung.

Haber JR, Buchholz KK, Jacob TT, Grant JD, Scherrer JF, Sartor CE, Duncan AE, et al. (2010) Effect of paternal alcohol and drug dependence on offspring conduct disorder: gene-environment interplay. Journal of Studies on Alcohol and Drugs 71(5): 652–663.

Haight W, Carter-Black JD, Sheridan K (2009): Mother's experience of methamphetamine addiction: A case-based analysis of rural, midwestern women. Children and Youth Service Review (31): S. 71–77.

Haverfield MC, Theiss JA (2016) Parent's alcoholism severity and family topic avoidance about alcohol as predictors of perceived stigma among adult children of alcoholics: Implications for emotional and psychological resilience. Health communication 31(5): 606–616.

Hayer T (2012) Jugendliche und glücksspielbezogene Probleme: Risikobedingungen, Entwicklungsmodelle und Implikationen für Präventive Handlungsstrategien. Peter Lang, Internationaler Verlag der Wissenschaften.

Heineman M (1987) A comparison: the treatment of wives of alcoholics with the treatment of wives of pathological gamblers. Journal of Gambling Behaviour 3: 27–40.

Heinz AJ, Wu J, Witkiewitz K, Epstein DH, Preston KL (2009) Marriage and relationship closeness as predictors of cocaine and heroin use. Addictive behaviors 34(3): 258–263.

Hogan, DM (2007) The impact of opiate dependence on parenting processes: Contextual, physiological and psychological factors. Addiction Research & Theory 15(6): 617–635.

Hornig L, Nels-Lindemann C (2024). Angehörige von Substanzgebraucher:innen. In: Stöver H, Hößelbarth S (Hrsg.) Drogenpraxis Drogenpolitik Drogenrecht. Frankfurt a.M. Fachhochschulverlag. S. 553–566.

Hser Y, Evans E, Li A, Metchik A, Messina M (2014) Clinical Child Psychology and Psychiatry 19(2): 217–232.

Hubert M, Hubert M, Gwozdz W, Raab G, Reisch LA (2014) Compulsive Buying: an increasing problem? Investigating and comparing trends in Germany and Denmark, 2010–2012. Journal für Verbraucherschutz und Lebensmittelsicherheit 9(3): 280–284.

Hunt GM, Azrin NH (1973) A community-reinforcement approach to alcoholism. Behaviour Research and Therapy 11(1): 91–104.

Hussaarts P, Roozen HG, Meyers RJ, van de Wetering BJ, McCrady BS (2011) Problem areas reported by substance abusing individuals and their concerned significant others. The American Journal on Addictions, 21(1): 38–46.

Hussong AM, Bauer DJ, Huang W, Chassin L, Sher KJ, Zucker RA (2008) Characterizing the Life Stressors of Children of Alcoholic Parents. Journal of Family Psychology 22(6): 819–832.

Jester JM, Jacobson SW, Sokol RJ, Tuttle BS, Jacobson JL (2000) The Influence of Maternal Drinking and Drug Use on the Quality of the Home Environment of School-Aged Children. Alcoholism: Clinical and Experimental Research 24 (8): 1187–1197.

John U, Hanke M (2002) Alcohol-attributable mortality in a high per capita consumption country – Germany. Alcohol and Alcoholism 37(6): 581–585.

Johnson EE, Hamer R, Nora RM, Tan B, Eisenstein N, Engelhart C (1997) The Lie/Bet Questionnaire for screening pathological gamblers. Psychological reports 80(1): 83–88.

Johnson VW (1973) I'll Quit Tomorrow. New York: Harper and Row.

Kalat JW (2012) Biological Psychology. 7th ed. Pacific Grove: Brooks/Cole.

Kaplan M (1983) A woman's view of DSM-III. American Psychologist 38(7): 786–792.

Kellermann B (2005) Glücksspielsucht und Beschaffungskriminalität. Strafverteidiger 25: 287–296.

Kelley ML, Platter AJ, Fals-Stewart W (2009) Behavioral Couples Therapy. In: GL Fisher, NA Roget (Hrsg.) Encyclopedia of substance abuse prevention, treatment, and recovery. Los Angeles: Sage Publications. S. 115–117.

Kendler KS, Ohlsson H, Sundquist K, Sundquist J (2016) Cross-generational transmission from drug abuse in parents to attention-deficit/hyperactivity disorder in children. Psychological medicine 46(6): 1301.

Kielholz P, Ladewig, D (1973) Die Abhängigkeit von Drogen. München: Dt. Taschenbuch-Verlag.

Kim I, Dababnah S, Lee J (2020) The influence of race and ethnicity on the relationship between family resilience and parenting stress in caregivers of children with autism. Journal of Autism and Developmental Disorders 50(2): 650–658.

Klein M, Dyba J (2016) Crystal-Meth Konsum der Eltern lässt deren Kinder leiden. Neue Caritas 10: 9–13.

Klein M (2002) Partner von Abhängigen. In: Fengler J (Hrsg.) Handbuch der Suchtbehandlung: Beratung – Therapie – Prävention. Landsberg: ecomed. S. 377–385.

Klein M (2005) Kinder aus suchtbelasteten Familien. In: Thomasius R, Küstner UJ (Hrsg.) Familie und Sucht. Grundlagen, Therapiepraxis, Prävention (S. 52–60). Stuttgart: Schattauer.

Klein M (2008b) Kinder aus alkoholbelasteten Familien. In: Klein M (Hrsg.) Kinder und Suchtgefahren. Stuttgart: Schattauer. S. 114–127.

Klein M, Bischof G (2013) Angehörige Suchtkranker – Der Erklärungswert des Co-Abhängigkeitsmodells. Sucht 59(2), 65–68.

Klein M, Moesgen D, Bröning S., Thomasius R (2013) Kinder aus Suchtfamilien stärken. Das »Trampolin«-Programm. Göttingen: Hogrefe.

Klein M, Thomasius R, Moesgen D (2017) Kinder suchtkranker Eltern – Grundsatzpapier und Fakten zur Forschungslage. In: Die Drogenbeauftragte der Bundesregierung (Hrsg.) Drogen- und Suchtbericht 2017: 83–95. Berlin: Die Drogenbeauftragte der Bundesregierung.

Klein, M (2008a) Kinder drogenabhängiger Eltern. In: Klein M (Hrsg.) Kinder und Suchtgefahren. Risiken – Prävention – Hilfen. Stuttgart: Schattauer. S. 128–139.

Klein, M (2000) Alkohol und Familie: Forschung und Forschungslücken. In: Kruse G, Körkel J, Schmalz U (Hrsg.) Alkoholabhängigkeit erkennen und behandeln. Bonn: Psychiatrie-Verlag. S. 139–158.

Konnopka A, König HH (2007) Direct and indirect costs attributable to alcohol consumption in Germany. Pharmacoeconomics 25(7): 605–618.

Koran LM, Faber RJ, Aboujaoude E, Large MD, Serpe RT (2006) Estimated prevalence of compulsive buying behavior in the United States. American Journal of Psychiatry 163(10): 1806–1812.

Kraus L, Seitz NN, Schulte B, Cremer-Schaefer P, Braun B, Verthein U, Pfeiffer-Gerschel T (2019) Schätzung der Anzahl von Personen mit einer Opioidabhängigkeit. Deutsches Ärzteblatt International 116: 137–143.

Kraus L, Uhl A, Atzendorf, J, Seitz NN (2021) Estimating the number of children in households with substance use disorders in Germany. Child and Adolescent Psychiatry and Mental Health 15(1): 63.

Küfner H (2003) Therapieevaluation als Evidenzbasis der Suchttherapie. Psychotherapie im Dialog 4(2): 170–177.

Landgraf MN, Heinen F (2013) Fetales Alkoholsyndrom FAS. Stuttgart: Kohlhammer.

Landgraf MN, Heinen F (2016) Fetales Alkoholsyndrom-Spektrumstörungen FASD. Stuttgart: Kohlhammer.

Lazarus RS, Folkman S (1984) Stress, appraisal and coping. New York: Springer.

Lesieur HR and Custer RL (1984) Pathological gambling: Roots, phases, and treatment. The Annals of the American Academy of Political and Social Science 474: 146–156.

Lesieur HR, Rothschild J (1989) Children of gamblers anonymous members. Journal of Gambling Behavior 5(4): pp. 269–281.

Lieberman DZ (2000) Children of alcoholics: an update. Current Opinion in Pediatrics 12 (4): 336–340.

Lindemann F (2008) Alle Kinder haben ein Recht auf weiße Weihnacht. (http://www.weisse-weihnacht.info/index.php?s=start&s2=inhalt, Zugriff am 28.01.2016).

Lindenmeyer J (2003) Die Einbeziehung von Angehörigen in die stationäre Rehabilitation von Suchtkranken. Praxis Klinische Verhaltensmedizin und Rehabilitation 62: 183–189.

Lindenmeyer, J (2005) Alkoholabhängigkeit. 2. Aufl. Göttingen: Hogrefe.

Lindenmeyer, J. (2012) Cue Exposure. In: Batra A, Bilke-Hentsch O (Hrsg.) Praxisbuch Sucht. Therapie der Suchterkrankungen im Jugend- und Erwachsenenalter. Stuttgart: Thieme. S. 51–55.

Lorenz VC, Shuttlesworth DE (1983) The impact of pathological gambling on the spouse of the gambler. Journal of Community Psychology 11(1): 67–76.

Manning V, Best DW, Faulkner N, Titherington E (2009) New estimates of the number of children living with substance misusing parents: results from UK national household surveys. BMC public health 9(1): 377.

Marshal MP, Molina BSG, Pelham WE, Cheong J (2007) Attention-Deficit Hyperactivity Disorder Moderates the Life Stress Pathway to Alcohol Problems in Children of Alcoholics. Alcoholism: Clinical and Experimental Research 31(4): 564–574.

McCrady BS, Epstein EE (2015) Couple therapy in the treatment of alcohol problems. In: Snyder DK, Lebow J (Eds.) Clinical Handbook of Couple Therapy. 5. Ed. New York: Guilford Press. p. 555–584.

McCrady BS, Wilson AD, Muñoz RE, Fink BC, Fokas K, Borders A (2016) Alcohol-Focused Behavioral Couple Therapy. Family process 55(3): 443–459.

Messina N, Jeter K (2012) Parental methamphetamine use and manufacture: child and familial outcomes. Journal of Public Child Welfare 6(3): 296–312.

Meyer G, Hayer T (2005) Das Gefährdungspotenzial von Lotterien und Sportwetten. Eine Untersuchung an Spielern aus Versorgungseinrichtungen. Düsseldorf: Ministerium für Arbeit, Gesundheit und Soziales des Landes Nordrhein-Westfalen.

Meyer G (2015) Glücksspiel – Zahlen und Fakten. In Deutsche Hauptstelle für Suchtfragen e. V., Jahrbuch Sucht 2015. Geesthacht. Neuland. 140–155.

Meyer G, Bachmann M (2011) Spielsucht. Ursachen, Therapie und Prävention von glückspielbezogenem Suchtverhalten. 3. Aufl. Heidelberg: Springer.

Meyers R, Smith JE (2017) CRA-Manual zur Behandlung von Alkoholabhängigkeit. Erfolgreicher behandeln durch positive Verstärkung im sozialen Bereich. 5. Aufl. Bonn: Psychiatrie-Verlag.

Meyers RJ, Miller WR (Eds.) (2001) A community reinforcement approach to addiction treatment. Cambridge University Press.

Milin S, Lotzin A, Degkwitz P, Verthein U, Schäfer I (2015). Amphetamin und Methamphetamin – Personengruppen mit missbräuchlichem Konsum und Ansatzpunkte für präventive Maßnahmen. Projektbericht im Auftrag des Bundesministeriums für Gesundheit, Berlin. (https://www.bundesgesund heitsministerium.de/service/publikationen/details/sachbericht-ift-amphet amin-und-methamphetamin-personengruppen-mit-missbraeuchlichem-kon sum-und-ansatzpunkte-fuer-praeventive-massnahmen, Zugriff am 10.07. 2024).

Miller WR, Rollnick S (2015) Motivierende Gesprächsführung. 3. Aufl. Freiburg im Breisgau: Lambertus.

Moesgen D (2014) Kinder und Jugendliche aus alkoholbelasteten Familien. Dysfunktionale Kognitionen und Verhaltensauffälligkeiten. Hamburg: disserta.

Molina BS, Donovan JE, Belendiuk KA (2010) Familial loading for alcoholism and offspring behaviour: mediating and moderating influences. Alcoholism: Clinical and Experimental Research 34(11): 1972–1984.

Mudar P, Leonard KE, Soltysinski K (2001) Discrepant substance use and marital functioning in newlywed couples. Journal of consulting and clinical psychology 69(1): 130–134.

Müller A, Böning J, de Zwaan M (2014) Pathologisches Kaufen. In: Mann K (Hrsg.) Verhaltenssüchte – Grundlagen, Diagnostik, Therapie, Prävention. Berlin: Springer.

Müller A, Mitchell JE, Crosby RD, Gefeller O, Faber RJ, Martin A et al. (2010) Estimated prevalence of compulsive buying in Germany and its association with sociodemographic characteristics and depressive symptoms. Psychiatry Research 180: 137–142.

Müller A, Mitchell JE, de Zwaan M (2015) Compulsive Buying. The American Journal on Addictions 24: 132–137.

Müller KW, Glaesmer H, Brähler E, Woelfling K, Beutel ME (2014) Prevalence of internet addiction in the general population: results from a German population-based survey. Behavior & Information Technology 33(7): 757–766.

Nastasi BK, DeZolt DM (1994) School Interventions for Children of Alcoholics. New York: Guildford.

Neuner M, Raab G, Reisch L (2005) Compulsive buying in maturing consumer societies: an empirical re-inquiry. Journal of Economic Psychology 26: 509–522.

Olszewski D, Burkhart G, Bo A (2010) Children's Voices. Experiences and perceptions of European children on drug and alcohol issues. Lissabon: EMCCDA.

Omkarappa DB, Rentala S. (2019) Anxiety, depression, self-esteem among children of alcoholic and nonalcoholic parents. Journal of Family Medicine and Primary Care 8: 604–609.

Orford J (1994) Empowering family and friends: a new approach to the secondary prevention of addiction. Drug and alcohol review 13(4): 417–429.

Orford J, Natera G, Copello A, Atkinson C, Mora J, Velleman R et al. (2005) Coping with Alcohol and Drug Problems. The Experiences of Family Members in Three Contrasting Cultures. Hove/New York: Routledge.

Orford J, Velleman R, Copello A, Templeton L, Ibanga A (2010) The experiences of affected family members: a summary of two decades of qualitative research. Drugs: Education, Prevention and Policy 17: 44–62.

Orford J, Velleman R, Natera G, Templeton L, Copello A (2013) Addiction in the family is a major but neglected contributor to the global burden of adult ill-health. Social Science & Medicine 78: 70–77.

Organisation für europäische wirtschaftliche Zusammenarbeit (Hrsg.) (2016) Health at a Glance: Europe 2016 – State of Health in the EU Cycle. Paris: OECD Publishing: Paris. (http://dx.doi.org/10.1787/9789264265592-en)

Palmer RHC, Brick LA, Chou YL, Agrawal A, McGeary JE et al. (2019) The etiology of DSM-5 alcohol use disorder: Evidence of shared and non-shared additive genetic effects. Drug and Alcohol Dependence 201: 147–154.

Park S, Schepp KG (2015) A Systematic Review of Research on Children of Alcoholics: Their Inherent Resilience and Vulnerability. Journal of Child and Family Studies 24(5): 1222–1231.

Pasternak A, Schier K (2014) Psychological birth – the separation-individuation process among female Adult Children of Alcoholics. Alcoholism and Drug Addiction 27(4): 305–318.

Peled E, Sacks I (2008) The Self-Perception of Women Who live with an Alcoholic Partner: Dialoging with Deviance, Strength, and Self-Fulfillment. Family Relations 57(3): 390–403. https://www.doi.org/10.1111/j.1741-3729.2008.00508.x

Petermann F (1997) Klinische Kinderpsychologie – Begriffsbestimmung und Grundlagen. In: Petermann F (Hrsg.) Fallbuch der Klinischen Kinderpsychologie. Erklärungsansätze und Interventionsverfahren. Göttingen: Hogrefe.

Powers MB, Vedel E, Emmelkamp PM (2008) Behavioral couples therapy (BCT) for alcohol and drug use disorders: A meta-analysis. Clinical psychology review 28(6): 952–962.

Rauschert C, Möckl J, Seitz N-N, Wilms N, Olderbak S, Kraus, L (2022) Konsum psychoaktiver Substanzen in Deutschland – Ergebnisse des Epidemiologischen Suchtsurvey 2021. Deutsches Ärzteblatt 119: 527–534.

Rennert M (2005). Co-Abhängigkeit. In: Thomasius R, Küstner UJ (Hrsg.) Familie und Sucht. Stuttgart: Schattauer. S. 45–51.

Rennert M (2013) Differenzierte Hilfen: Ja bitte! – Polemik: Nein danke! Sucht 59(2): 105–106.

Rickwood D, Blaszczynski A, Delfabbro P, Dowling N, Heading K (2010) The psychology of gambling. InPsych, 32(6): 11–21.

Robert Koch-Institut (2016) Entwicklung zu bundesweit aussagekräftigen Kennziffern zu alkoholbelasteten Familien. Abschlussbericht. (https://www.bun desgesundheitsministerium.de/fileadmin/Dateien/5_Publikationen/Drogen_ und_Sucht/Berichte/Abschlussbericht_bundesweit_aussagekraeftige_Kennzif fern.pdf, Zugriff am 27.03.2017).

Robert Koch-Institut (Hrsg.) (2002) Kosten alkoholassoziierter Krankheiten: Schätzungen für Deutschland. Beiträge zur Gesundheitsberichtserstattung des Bundes. Berlin: RKI. (https://edoc.rki.de/handle/176904/3205?show=full, Zugriff am 10.07.2024).

Ruckstuhl LA (2017) Angehörige von drogenabhängigen Menschen. Suchttherapie 18: 1–6.

Ruckstuhl LA, Candrian R (2012) Wie gehen Mütter mit der Drogenabhängigkeit ihrer Söhne um? SuchtMagazin 1: 45–46.

Rumpf HJ, Kiefer F (2011) DSM-5: Die Aufhebung der Unterscheidung von Abhängigkeit und Missbrauch und die Öffnung für Verhaltenssüchte: DSM-5: Removal of the Distinction between Dependence and Abuse and the Opening for Behavioural Addictions. Sucht 57(1): 45–48.

Rumpf HJ, Mann K (2017) Die Verhaltenssüchte in der ICD-11: Ein Update. Sucht 63(6): 305–306.

Rumpf HJ, Meyer C, Kreuzer A, John U (2001) Prävalenz der Internetabhängigkeit (PINTA). Bericht an das Bundesministerium für Gesundheit.

Salize HJ, Jacke C, Kief S (2014) Produktivitätsverluste, berufliche Einbußen und Unterstützungsleistungen von Angehörigen von Patienten mit Alkoholabhängigkeit vor und nach der Entzugsbehandlung. Sucht 60(4): 215–224.

Sassmann H, Braukhaus C, Hahlweg K (1999) Behaviorale Ansätze der Gesundheits- und Entwicklungsförderung für Paare. In: Kaiser P (Hrsg.) Partnerschaft und Paartherapie. Göttingen: Hogrefe. S. 365–382.

Schild, B (2012) Angehörige: ihre Belastungen und Verhaltensweisen. In: Schild B (Hrsg.) Partnerschaft und Alkohol. Lengerich: Pabst.

Schmidt E (2007) Gemeinsamkeiten und Unterschiede von Angehörigen von Alkohol-, Drogen-, Spiel- und Internetsüchtigen. Wiener Zeitschrift für Suchtforschung 30(2): 21–27.

Schmidt JH, Drosselmeier M, Rohde W, Fritz J (2011) Problematische Nutzung und Abhängigkeit von Computerspielen. In: Fritz J, Lampert C, Schmidt JH, Witting T (Hrsg.) Kompetenzen und exzessive Nutzung bei Computerspielern: Gefordert, gefördert, gefährdet. Vistas, Berlin. S. 201–251.

Schuckit M, Smith TL, Radziminski S, Heynemann EK (2000) Behavioural Symptoms and Psychiatric Diagnoses among 162 Children in Nonalcoholic or Alcoholic Families. The American Journal of Psychiatry 157: 1881–1883.

Schuckit MA (1994) A clinical model of genetic influences in alcohol dependence. Journal of Studies on Alcohol 5: 5–17.

Schuckit MA, Smith TL (2001) The clinical course of alcohol dependence associated with a low level of response to alcohol. Addiction 96: 903–910.

Schuckit MA, Smith TL, Pierson J, Trim R, Danko GP (2008) Externalizing disorders in the offspring from the San Diego prospective study of alcoholism. Journal of Psychiatric Research 42: 644–652.

Schuckit, MA, Tipp JE, Kelner E (1994) Are Daughters of Alcoholics More Likely to Marry Alkoholics? Drug Alkohol Abuse 20(2): 237–245.

Secades-Villa R, Sanchez-Hervas E, Zacares-Romaguera F, Garcia-Rodriguez O, Santonja-Gomez F, Garcia-Fernandez G (2011) Community Reinforcement Approach (CRA) for cocaine dependency in the Spanish public health system: 1 year outvome. Drug and Alcohol Review 30(6): 606–612.

Semple SJ, Strathdee, SA., Zians J, Patterson T (2011) Methamphetamine-Using Parents: The Relationship Between Parental Role Strain and Depressive Symptoms. Journal of Studies on Alcohol and Drugs 72(6): 954–964.

Sher KJ (1991) Children of Alcoholics. A Critical Appraisal of Theory and Research.Chicago: The University of Chicago Press.

Sisson RW, Azrin NH (1986) Family-member involvement to initiate and promote treatment of problem drinkers. Journal of Behavior Therapy and Experimental Psychiatry 17(1): 15–21.

Smith JE, Meyers RJ (2013) Mit Suchtfamilien arbeiten. CRAFT: Ein neuer Ansatz für die Angehörigenarbeit. Köln: Psychiatrie-Verlag.

Smith JE, Meyers RJ, Delaney HD (1998) The community reinforcement approach with homeless alcohol-dependent individuals. Journal of consulting and clinical psychology 66(3): 541–548.

Sørensen HJ, Manzardo AM, Knop J, Penick EC, Madarasz W, Nickel EJ, Becker, Mortensen EL (2011) The contribution of parental alcohol use disorders and other psychiatric illness to the risk of alcohol use disorders in the offspring. Alcoholism: Clinical and Experimental Research 35(7): 1315–1320.

Spohr B, Gantner A, Bobbink JA, Liddle HA (2011) Multidimensionale Familientherapie: Jugendliche bei Drogenmissbrauch und Verhaltensproblemen wirksam behandeln. Göttingen: Vandenhoek & Ruprecht.

Steppan M, Brand H, Künzel J, Pfeiffer-Gerschel T (2014) Jahresstatistik 2012 der professionellen Suchtkrankenhilfe. In: Deutsche Hauptstelle für Suchtfragen (Hrsg.) Jahrbuch Sucht 2014. Lengerich: Pabst. S. 203–230.

Stolle M, Sack PM, Stappenbeck J, Thomasius R (2010) Familienbasierte Prävention bei Kindern und Jugendlichen. Das Strengthening Families Programm. Sucht 56(1): 51–60.

Sydow von K, Beher S, Retzlaff R, Schweitzer J (2007) Die Wirksamkeit der Systemischen Therapie/Familientherapie. Göttingen: Hogrefe.

Templeton L, Velleman R, Hardy E, Boon S (2009) Young People living with parental alcohol misuse and parental violence: »No-one has ever asked me how I feel in any of this«. Journal of Substance Use 14(3–4): 139–150.

Thomasius R (2000) Interpersonale Aspekte der Suchterkrankungen. In: Thomasius R (Hrsg.) Psychotherapie der Suchterkrankungen. Reihe Lindauer Psychotherapie-Module. Stuttgart: Thieme. S. 71–89.

Thomasius R, Schindler A, Sack PM (2002) Familiendynamische und -therapeutische Aspekte des Drogenmissbrauchs in der Adoleszenz. Familiendynamik 27: 297–323.

Thomasius R, Schulte-Markwort M, Küstner UJ, Riedesser P (Hrsg.) (2009) Suchtstörungen im Kindes- und Jugendalter. Das Handbuch: Grundlagen und Praxis. Stuttgart: Schattauer.

Trim RS, Chassin L (2004) Drinking Restraint, Alcohol Consumption and Alcohol Dependence in Children of Alcoholics. Journal of Studies on Alcohol 65(1): 122–125.

Uhl A, Puhm A (2007) Co-Abhängigkeit – ein hilfreiches Konzept? Wiener Zeitschrift für Suchtforschung 30: 13–20.

Ulrich I, Stopsack M, Barnow S (2010) Risiko- und Resilienzfaktoren von adoleszenten Kindern alkoholkranker Eltern. Ergebnisse der Greifswalder Familienstudie. Diskurs Kindheits- und Jugendforschung 5(1): 47–61.

Vaishnavi R, Karthik MS, Balakrishnan R, Sathianathan R (2017) Caregiver Burden in Alcohol Dependence Syndrome. Journal of Addiction: 8934712. https://www.doi.org/10.1155/2017/8934712

Vassoler, FM, Wright, SJ, Byrnes, EM (2016) Exposure to opiates in female adolescents alters mu opiate receptor expression and increases the rewarding effects of morphine in future offspring. Neuropharmacology 103: 112–121.

Velleman R, Bennett G, Miller T, Orford J, Rigby K, Tod A (1993) The families of problem drug users: A study of 50 close relatives. Addiction 88: 1281–1289.

Velleman R, Templeton L, Reuber D, Klein M, Moesgen D (2008) Domestic Abuse Experienced by Young People living in Families with Alcohol Problems: Results from a Cross-European Study. Child Abuse Review 17: 387–409.

Velleman R, Templeton LJ (2016) Impact of parents' substance misuse on children: An update. BJPsych Advances 22(2): 108–117.

Walsh F (2016) Strengthening Family Resilience. 3rd ed. New York: Guilford.

Walter M, Dürsteler KM, Petitjean SA, Wiesbeck GA, Euler S, Sollberger D et al. (2015) Psychosoziale Behandlungen bei Suchterkrankungen – Suchtspezifische Psychotherapieformen und ihre Wirksamkeit. Fortschritte der Neurologie· Psychiatrie 83(04): 201–210.

Wenzel HG, Øren A, Bakken IJ (2008) Gambling problems in the family – A stratified probability sample study of prevalence and reported consequences. BMC Public Health 8(1): 412–416.

Werner EE (1992) The children of Kauai: Resiliency and recovery in adolescence and adulthood. Journal of Adolescent Health 13: 262–268.

Werner EE (1993) Risk, resilience and recovery: Perspectives from the Kauai Longitudinal Study. Development and Psychopathology 5: 503–515.

Werner EE, Smith RS (1982) Vulnerable but invincible: A study of resilient children. New York: McGraw-Hill.

Wiers RW (1994) Verslavingsrisico bij kinderen van alcoholisten. De Psycholoog 6: 217–222.

Wlodarczyk O, Schwarze M, Rumpf H-J, Metzner F, Pawils S (2017) Protective mental health factors in children of parents with alcohol and drug use disorders: A systematic review. PLoS ONE 12(6): e0179140.

Zimmermann U, Mick I, Mann KF (2008) Neurobiologische Aspekte des Alkoholkonsums bei Kindern und Jugendlichen. Sucht 54(6): 335–345.

Zobel M (2006) Kinder aus alkoholbelasteten Familien. 2. Aufl. Göttingen: Hogrefe.

Zobel M (2008) Kinder von pathologischen Spielern. In: Klein M (Hrsg.) Kinder und Suchtgefahren: Risiken – Prävention – Hilfen. Stuttgart: Schattauer. S. 140–147.

Sachwortverzeichnis

B

Behandlungskonzepte
- Adolescence Community Reinforcement Approach 109
- Alcohol-Focused Behavioral Couples Therapy 111
- Behavioral Couples Therapy 110
- Brief Relationship Therapy 112
- Community Reinforcement Approach 108
- Community Reinforcement Approach Family Training 102, 109
- ETAPPE 113
- Multidimensionale Familientherapie 102
- Strengthening Families Program 116
- Stress-Strain-Coping-Support Model 89, 99
- TRAMPOLIN 115, 117

C

Co-Abhängigkeitsmodell 89, 95, 103, 118
Coping 11, 14, 87, 99

D

Dependente Persönlichkeitsstörung 90, 91, 94
Depression 15, 21, 70, 71, 74, 78, 93, 110, 118

E

Ehe 16, 19, 20, 37, 38, 45, 48, 50, 53, 55

F

Finanzielle Schwierigkeiten 10, 50, 56

H

Häusliche Gewalt 60, 112
Hilfeangebote 12, 13, 23, 115, 116, 118
- Jugendhilfe 67, 115, 119
- Psychotherapie 21, 72, 103, 109, 119
- Suchthilfe 13, 26, 103, 119
- Traumatherapie 119

P

Paarinterventionen   105
Partnerschaft   9, 16, 18, 21, 39, 43, 60, 94, 105, 106, 132, 133
Prävention   11, 115, 117, 119
- Rückfallprävention   108, 111

R

Resilienz
- Familienresilienz   87, 117
- Resilienzfaktoren   47, 82, 86, 87
Risikofaktoren   5, 62, 75, 80, 83

S

Schutzfaktoren   80, 82–85, 87, 88
Stigmatisierung   9, 46, 55, 62, 63
Stressfaktoren   10, 50, 51, 58, 66, 72, 82, 88, 118

U

Unterstützungsbedarf   10, 11, 47, 99, 102